나는 담임목사 입니다

| 김성진 지음 |

쿰란출판사

| 추천의 글 |

　이번 김성진 목사의 《나는 담임목사입니다》를 지난번 《바로 그 교회》와 더불어 추천을 하게 되어서 기쁘게 생각한다. 교회는 주님의 몸이며, 그 몸을 이루는 지체들이 잘 다듬어져야 온전한 교회, 건강한 교회, 주님이 기뻐하시는 교회가 되는 것이다. 어느 교회든 사람들이 모여 있기에 문제를 만날 때가 있다. 목회를 하면서 보는 것이지만 늘 교회가 문제에 봉착하면 지체들의 모습이 적나라하게 나타난다.
　주님의 몸이라고 하는 교회가 주님을 닮은 섬김과 사랑은 어디로 가고 오직 당을 지어서 너는 내 편이고, 저 사람은 반대편이라고 하면서 누가 누구를 대항하듯이 세상 사람들보다도 더 우습게 치졸하게 싸우는 것을 많이 보게 된다. 진정 그것이 올바른 태도인가는 누구에게 물어 보아도 잘못되었다고 하면서도 지금도 변하지 않고 진행되고 있는 실정이다.
　그 중에서도 담임목회자의 모습은 참으로 안타까울 정도로 아픔을 당하는 경우를 본다. 그러기에 담임목회자의 지도력은 대단히 중요한 것이다. 지도자로서 담임목사는 항상 세 가지를 갖추어야 한다고 믿는다. 그것은 '영력', '지력', '체력'이다. 지도자로서 담임목사는 영적으로 충만해 있어야 한다. 즉, 성령 충만해야 한다. 구약이나 신약을 보면 진정한 영적인 지도자로 세우실 때 하나님께서는 성령님을 부어주셨고, 예수님은 물론 우리의 영적 지도자로서 모델인 베드로와 바울도 성령 충만을 받은 후에 진정한 지도자가 되었다. 그리고 지적으로도 풍성해야 한다. 즉, 하나님의 말씀으로 풍성해야 한다. 세상의 지식으로도 모자람이 없이 풍성해야 한다. 그러기에 연구하고 공부하는 데 독종이 되어야 한다. 꾸준히 끊임없이 해야 한다.

마지막으로는 체력이 튼튼해야 한다. 체력이 약하면 하고 싶어도 못한다. 기도도, 말씀 연구도, 전도도, 심방으로 성도를 돌봄도, 찬양도 깊게 하지 못한다. 그러니 어떻게 목회를 할 수 있는가? 그저 건성, 건성 겉핥기 식이고 적당히 시간을 때우려고 하고, 믿음의 사람을 하나님의 사람이 아닌 개인의 사람을 만들고, 영적인 영성의 사람이 아닌 육체의 사람을 만들고 마는 것이다.

그리고 지도자는 '리더십'이 분명해야 한다. 케네디 대통령의 이야기이다. 그가 대통령으로 당선이 되고서 전 대통령인 아이젠하워 대통령에게 자문을 구하려고 찾아갔다. 케네디 대통령은 물었다. "대통령으로서 어떻게 해야 하겠습니까?"라고 묻자 지체 없이 아이젠하워 대통령은 케네디에게 이렇게 말했다. "당신의 임무는 결단하는 것입니다(Your job to make a decision)"라고 하였다. 지도자의 '리더십'은 결단력이라는 것이다. 리더십에 있어서 결단력은 가장 중요한 요소가 된다.

사역의 성패는 바로 어느 것을 취하고 버리고 택할 것인가를 분명히 할 때 갈리는 것이다. 그리고 그 결정은 단호하면서 명확해야 한다. 리더십에 있어서 우유부단과 머뭇거리는 것은 오히려 파멸로 이끄는 것이 된다.

지난 2014년에 새 세대아카데미와 예장통합 총회목회정보정책연구소가 합동으로 교회 부흥에 관한 연구를 보고했다. 이 기관에서 발표한 바에 의하면 담임목사의 지도력이 교회 부흥에 지대한 영향력을 끼친다고 보고했다. 예장 통합측 교회 가운데 10년간 부흥 성장한 교회의 성장 요인을 분석했는데 2003~2012년까지 40% 이상 부흥 성장한(2012년 기준) 교회들을 대상으로 2차례에 걸쳐 진행한 것으로, 1차 조사에서는 144개 교회가, 2차 조사에서는 71개 교회가 응답했다. 그 결과 교회성장에 가장 큰 영향을 준 요인은 '담임목사의 리더십'인 것으로 나타났다. (교회를 전체 교인 수에 따라 분류해서 살펴보면, △50~100명 교회의 85.92% △500~1,000명 교회 79.31% △1,000~3,000명 교회 57.14% △3,000~10,000명 교회 68.42% △10,000~80,000명 교회 62.50%로, 담임목사의 지도력이 압도적인 비중을 차지했다.)

저자인 김성진 목사는 위의 교회 문제를 정확하게 다루면서 담임목사라는 위치가 정말 중요한 위치라고 강조한다. 담임목사가 자신의 목회에 자신감을 가지고 주님을 닮아가면서 현실에 도태되지 말고 지금보다 한 걸음이라도 더 걷는 마음으로 목회를 한다면 한국교회에는 희망의 도전이 분명하게 나타날 것이라고 부르짖고 있다. "물은 100도가 되어야 끓기 시작한다. 99도가 아니다. 100도다"라고 하면서 100도가 될 때까지 1도를 더 상승시키기 위하여 더 뜨겁게 달리며 인내하면서 도전해 나가면 하나님께서 인정하는 발걸음이 될 것이며, 낙심하지 않고 조금만 더 힘을 내고, 아픔을 참아가면서 나아간다면 하나님께 영광된 목회요, 축복의 목회가 될 것이라고 강조하면서 이 시대 속의 '담임목사' 이야기를 진솔하게 하였다.

부디 이 책을 통하여 내 마음의 뜨거움이 식어지면서 나태하거나 의기소침하고 있다면 새롭게 힘을 얻어서 도전해 보는 기회가 되기를 진심으로 바란다.

2015년 12월
성도를 사랑하는 목양실에서
하늘꿈교회 **신용대** 목사

| 추천의 글 |

참된 목사로 서기 위한 지침서

오늘날 기독교인 중에 목사가 되겠다는 사람들은 많다. 그러나 바른 목사가 되겠다는 생각을 가진 사람은 많지 않은 듯하다. 더구나 오늘과 같은 경쟁의 세상에서 성공한 목회의 주인공이 되겠다는 꿈을 가진 사람들은 많아도 참된 목사를 꿈꾸는 사람은 흔치 않아 보인다. 그런데 성공한 목회자란 도대체 무엇을 말하는 것인가.

김성진 목사가 한국교회를 위해 내놓은 이 책은 독자들로 하여금 목회의 성공을 구하기에 앞서 참된 목사로서 설 것을 추구하는 동시에 쓰임 받는 이가 될 수 있을 것이라는 깨달음을 준다. 목회자의 본질은 하나님 앞에 바른 목사로 서기 위한 몸부림에 있다. 그것이 곧 리더십을 찾는 길이고 수많은 방법론을 모색하는 시작점이다. 이 책은 어느 책보다도 이에 대해 강조하고 있다.

오늘날 우리는 주위에서 목회기법을 다루는 수많은 책들을 찾아 볼 수 있다. 방법론도, 운영기법도, 성공담도 넘치고 있다. 그러나 그

많은 책들의 내용도 막상 자신의 목회 현장에 직접 적용하려고 시도해보면 맞지 않는 경우가 많다. 왜 그런 것일까. 순서와 본질이 바뀌어 있기 때문이다. 먼저 바른 목회자로 서고 그다음에 기법을 찾아야 한다. 기법보다 중요한 것이 목회자의 자세이며, 목사의 사람됨이다. 어느 집에 초대를 받았을 때 아무리 좋은 음식이 차려 있을지라도 손님을 초대한 주인이 마음에 안 들면 음식의 맛도 없을 수밖에 없다. 반대로 당장 가진 것이 많지 않고 내놓은 것이 소찬밖에 없을지라도 기분 좋게 삶을 나눌 수 있다면, 다시 방문하고 싶은 마음이 들 것이다.

그런 면에서 이 책은 좋은 상을 차리는 법을 이야기하고자 하는 것이 아니라 좋은 주인이 되는 자세에 대해 서술하고 있다. 화려한 기법, 눈에 확 띄는 기법이 아니라 목회자가 잃어버려서는 안 되는 본질에 대해서 보여주고 있다. 그래서 우리는 이 장을 넘길 때마다 그 혜안에 고개를 끄덕일 수밖에 없게 된다.

저자의 말대로 기본이 모든 문제의 답이다. 그 기본을 찾는 길을 저자는 세밀하게 펼쳐놓았고 우리가 무엇을 어떻게 해야 할지를 잘 보여주고 있다. 이 책은 물고기를 건네주는 것이 아니라 물고기를 잡는 방법을 가르쳐주는 책이다. 미래를 내다보며 사람을 키울 것을 목표로 하는 책이다. 목회자 후보생들이 이 책을 읽는다면 앞날을 위한 그들의 모색에 큰 도움이 될 것이다. 또한 분주한 목회 생활 중에 잠시 가는 길을 되돌아보며 새 길을 모색하는 목회자들이라면 새로운 자극을 얻게 될 것이다.

이 책이 여러 사람들에게 읽혀질 때 한국교회의 미래를 위해 귀한 기여를 하게 될 것이라는 점을 믿어 의심치 않는다. 하나님의 사명을 품고 길을 나서는 귀한 믿음의 동지들에게 일독을 권한다.

2015년 12월
서울장신대학교
안주훈 총장

| 서문 |

　하나님의 종이라는 직분만으로도 감격되고 감사합니다. 우리는 말 그대로 종입니다. 종은 자신의 의지와 생각 그리고 자신의 삶이 없습니다. 전투에 나가는 배의 저 밑창에서 죽기까지 노를 젓는 일입니다. 그것이 종입니다. 그런데 '누구의 종인가?'라는 물음에 따라 그 정체성이 확연하게 달라집니다. 우리는 창조주이신 하나님의 종입니다. 종의 소유주가 하나님이십니다. 정승의 종은 여느 대감과 맞먹는다는 얘기처럼 하나님의 종으로 사는 것만으로 행복하고 자랑스럽고 감격스럽습니다. 아무런 직함이나 지위가 없어도 하나님의 종이라는 것만으로 더할 나위가 없습니다.

　그런데 주님의 몸이신 교회의 담임목사가 된다는 것은 감격 플러스, 감동 그 이상입니다. 담임목사, 그 직함이 주는 위대함은 주님의 몸이신 교회의 영적 지도자이며 공동체의 리더이며 주님으로부터 위임 받은 양무리들의 목자가 된다는 의미이기 때문입니다.

　"나는 담임목사입니다."
　이것은 정체성의 호소입니다. 담임목사다워야 한다는 의미를 담고 있습니다. '내가 누구인가?' 그 명확한 정체성으로 온전한 사람이 되는 것처럼 '나는 누구이며 어떤 목회자인가?'라는 물음에 '나는 담임목사이다'라고 하는 것은 자신의 존재감과 하나님 앞에서의 실존 그리고 양무리들에게 그들의 목동임을 공포하는 영적 사역의 정체성이기 때문입니다. 담임목사 그 설렘이 여전히 잔영처럼 우리에게 남아 있어야 합니다.

  두려움과 설렘, 도전과 희망, 본 됨과 제자, 영적 스승이자 주님의 사도(대신 보냄을 받은 자)로 교차되는 삶의 언저리가 한아름 가득하게 됩니다.

담임목사,
공동체의 책임자입니다.
담임목사,
목사이며, 목자입니다.
담임목사,
영적 지도자입니다.
담임목사,
미래의 희망입니다.

"어떤 담임목사여야 하는가?"라는 물음에 답을 어떻게 하느냐에 따라 그 공동체의 영성과 비전과 방향과 영적 색깔이 결정됩니다. 담임목사를 수식하는 형용사가 어떠한가에 따라 공동체의 향방이 결정됩니다. 전도하는 담임목사면 전도하는 교회가 되고 제자가 되고자 하는 담임목사이면 제자를 훈련하는 교회가 됩니다. 담임목사가 어떠한가는 그 교회가 어떤 교회인가를 결정합니다.

"어떤 교회입니까?"

그 답은 "그 교회 담임목사가 어떤 목사입니까?"에 답을 하는 것입니다.

한국교회의 희망은 담임목사에게 달려 있습니다.

그래서 이 글을 쓰게 되었습니다. 한국교회의 희망을 보고 싶습니다. 그 희망의 불씨는 전적으로 담임목사에게 달려 있습니다. 작금의 한국 기독교의 위기, 기독교의 추락, 그 깊은 원인에 담임목사가 존재합니다. 부인할 수 없는 사실입니다.

나는 담임목사입니다.

그러기 위해서는 담임목사다워야 합니다.

내가 누구이며 어떤 목사이며 어떤 목회자가 되어야 하는가의 근원적인 물음 앞에 서고 싶습니다. 목회의 본질은 목회자 자신이 목자가 되는 것입니다. 목사이며 목자가 되는 길이 본질이며 근원이며 교회의 생명력입니다.

이번 책은 전적으로 목회자의 본질에 근간을 두고 쓰기 시작했습니다. 담임목사이기 이전에 '어떤 목사여야 하는가?'라는 물음으로 시작하여 담임목사의 자세와 역할 그리고 담임목사 속에 자라야 하는 영적인 야성을 역설하였습니다. 담임목사에게 그리고 글을 쓰고 있는 나에게 끊임없는 본질적인 질문을 던지며 그 해답을 찾아가도록 하였습니다.

이 책이 나올 수 있도록 격려와 동역을 해 주신 쿰란출판사 대표이신 이형규 장로님과 수고를 아끼지 않은 오완 과장님, 모난 글을 다듬는 일에 헌신한 김현주 실장과 연구소의 나의 동역자들과 언제나 기도로 힘이 되어주는 동역자들에게 깊은 감사를 드립니다. 연구소의 미래를 위하여 헌신하며 함께 해주시는 이사장님과 이사님들에게 깊은 감사를 드립니다. 그리고 연구소의 지속적인 혁신과 주님 주신 꿈을 크게 그리도록 모든 면을 아낌없이 후원하고 헌신하는 김태윤 운영위원장님과 강성중 경영지원팀장님께 깊은 감사를 드립니다.
저를 이 땅에 존재하게 하신 저의 부모님에게 감사를 드립니다.

무엇보다 이 책이 나오도록 이끌어주신 하나님 아버지에게 삶을 드리는 감사를 올립니다.

2015년 12월
Wisdom House에서
김성진 목사

목차

추천의 글 _하늘꿈교회 신용대 목사 … 2
　　　　　 _서울장신대학교 안주훈 총장 … 6

서문 … 9

1부 나는 어떤 담임목사여야 하는가?

나는 어떤 담임목사인가?	20
본질을 향한 3가지 질문	23
여전히 불안해하는 것은	28
외식을 버리는 능력	30
자신과의 경쟁에서 이기라	33
처세술이 아니라 영혼을 전달하라	40
최고의 사역 경험 G.C.O.P. 모델	44
혁신적인 사역자의 DNA 5가지	47
가치를 향한 사역이 되게 하라-샤넬 이야기	53
어항 속 담임목사의 성공 전략	56
교인들의 자존감을 높이라	59
통전적 사역을 위한 담임목사의 역할 유형	62
자신의 사역에 전문가 이상이 되어야 한다	65
창조적 리더십을 키우라	69
학습된 무력감을 극복하라	72

2부 나만의 목회를 향한 질주 본능

기적은 준비된 자에게 찾아온다	76
'달성 가능한 목표'가 아닌 '자신이 원하는 목표'를 설정하라	80
사역은 객관식이 아니라 주관식이다	82
생의 가장 위대한 사역: 멘토링	86
왜 목회자에게 창의성이 필요한가?	91
욕구의 피라미드로 목회 방향을 결정한다	96
하이엔드(High-end)와 로엔드(Low-end)	99
CLO 목회자가 되라	101
무엇을 위한 사역인가?	104
인생의 사이클을 읽어야 한다	107
명확한 목표를 설정하고 공유하라	110
힘들어도 한 걸음만 더 걷자	113

3부 담임목사다운 담임목사

21세기는 I Value 시대이다	120
리더십을 실패로 이끄는 치명적인 약점 5가지	127
백천학해(百川學海)	132
속도가 아니라 밀도이다	136
실력 플러스: 실력+	139
아이디어 네트워킹(Idea networking)	142
처음의 떨림, 그 긴장의 초심을 잃지 말라	145
청정문해(聽情問解)	148
담임목사여 자신을 직면하라	155
자신을 바라보는 프레임을 바꾸라	161
사역의 유연성을 익히라	165
가치를 통섭하라	168

4부 자격을 갖춘 담임목사

기본이 답이다	172
변곡점에서의 사고로 전환하라	178
심령에 고픔이 있는가?	182
우유부단은 리더십의 결핍을 초래한다	184
자신의 박스를 키워라(Out of Box thinking)	186
평생 묵상하고 사색하며 성숙하는 독종이 되라	190
105점의 담임목사가 되라	194
소통이 숨통이다: 멘토의 중요성	198
담임목사 속에 자라야 하는 태도	203
성공적인 사역을 여는 열쇠는 무엇인가?	207
창의적인 영적 코치가 되라	210
사명 선언문을 작성하라	213

나가면서 … 216

1부
나는 **어떤 담임목사**여야 하는가?

본질과 부르심의 소명에 준한 사명자로서 담임목사 자신의 크기만큼이 곧 교회의 크기이며 자신의 성숙만큼이 곧 교인들의 성숙을 이끈다. 담임목사, 그는 누구이며 어떤 목사인가? 목사가 감당해야 하는 역할은 목양(牧羊), 목회경영(牧會經營), 훈련자, 멘토, 교육자, 설교가, 강연자, 교회정치, 교단정치, 사람을 세우는 사람 등이다. 그러나 이러한 기능적인 측면의 담임목사의 역할이 아닌 하나님 앞에서의 목사, 사람들 앞에서의 목사, 자신의 거울 앞에 선 목사 그 목사는 어떤 목사인지를 묻는 것이다. 끊임없는 자기 부인과 주님 닮고자 하는 자기 헌신 그리고 자신의 의도보다 하나님의 뜻을 구하고 그 사명을 감당하기 위해 질주하는 하나님의 사람이어야 한다.
'날마다 죽노라'는 바울의 고백이 자신의 고백이 되어 주님의 가르침을 그대로 실행하며 자신의 삶으로 하나님을 바라볼 수 있도록 하는 하나님의 사람이어야 한다. 자신보다 교인들을 위해, 자기의 목적 대신 하나님의 목적으로, 하나님의 교회를 위하여 기꺼이 자신을 드리는 사람 바로 그가 담임목사이다. 삶으로 설교하고 설교한 대로 살아가 본이 되는 사람, 충성을 요구하기보다 먼저 충성하는 사람, 이 땅의 가치를 버리고 하나님 나라의 가치를 위해 자신을 불태우는 사람이어야 한다. 사람을 세우는 사람으로 그의 사역 중심엔 언제나 하나님의 사람이 존재하는 바로 그 목사가 담임목사이다.

 ## 나는 어떤 담임목사인가?

역할 행동 사례	매우 아니다	아니다	보통이다	그렇다	매우 그렇다
	1	2	3	4	5

1. 나는 교인들에게 단순히 교회에 출석하는 목적이 아닌 사명감으로 교회와 사회에 기여하도록 동기부여 한다.

2. 나는 다양한 소통을 통해 구성원들이 가지고 있는 욕구가 무엇인지 수시로 파악한다.

3. 나는 교회의 중장기 목표를 달성하기 위한 구체적인 목표를 정한다.

4. 나는 평신도 리더들을 동역자로 생각한다. 그리고 그들의 자존감을 높이고자 여러 가지 시도를 한다.

5. 나는 교회의 비전과 핵심가치를 제시하고 교인들과 정기적으로 공감대를 형성하는 장을 마련한다.

6. 나는 전도와 지역 살핌을 위해 지역과의 소통에 힘쓴다.

7. 나는 나의 역할과 임무에 솔선수범하여 교인들 한 사람 한 사람이 역량 개발을 할 수 있도록 최선을 다한다.
8. 나는 교인들에게 교회 소속감을 갖게 한다. 또는 우리 교회 성도들은 교회 소속감을 갖고 있다.
9. 나는 후임자 육성을 위하여 리더들로 하여금 도전적인 과제를 수행하게 한다.
10. 나는 모든 리더들에게 달성 목표를 명확히 부여하고 정기적으로 달성 전략을 코칭한다.

■ 자가진단 결과 해석

◆총점 30점 미만
역할 행동 다소 부족
전체적으로 자신의 역할에 대해 다시 한번 생각해 보고 어떤 부분이 구체적으로 부족한지 살펴보아야 한다. 자신이 감당해야 할 직책에서 타의 모범이 되는 역할 행동 사례를 찾아보고 일정 기간 동안 비슷한 상황을 가정하여 반복적으로 역할 수행 연습을 해야 한다.

◆총점 30~40점 미만
역할 행동 평균
전반적으로 무난하나 어떤 부분이 장점이고 어떤 부분을 보완

해야 할지 명확하게 파악해야 한다. 보통 수준의 역할 행동을 보여주고 있기 때문에 구성원들이 일정 기간 동안 기대하는 역할 행동이 나아지지 않을 경우 오히려 비난의 대상이 될 수도 있다. 따라서 평균 이하의 역할 수행 분야가 있다면 평균 이상으로 올려놓을 수 있도록 해야 한다. 평균 이상의 역할 수행 분야의 경우 다른 사람의 모범 사례로 회자될 수 있는 자신만의 스토리를 만들어 나갈 필요가 있다.

◆총점 40점 이상
역할 행동 우수

해당 직책에서 필요로 하는 전반적인 역할 행동을 원만하게 실천하고 있다. 자신의 임무와 역할을 명확하게 인식하고 있으며 다른 직책의 역할 수행에 대해서도 조언과 코칭을 할 수 있는 수준이다. 해당 직책에서 수행하는 현재의 역할 수준에 만족하지 말고 차기 역할 수행을 위한 준비를 해보면서 다른 이들에게 긍정적인 영향력을 미칠 수 있도록 솔선수범해야 한다.

 # 본질을 향한 3가지 질문

피터 드러커(Peter Ferdinand Drucker)는 사업을 이끌어 갈 때 가장 먼저 던져야 하는 질문이 "우리의 사업은 무엇인가?"라고 하였다. 마찬가지이다. 교회 공동체를 이끌어 가는 영적 지도자도 이러한 근원적인 질문을 수시로 던지고 명확한 답을 할 수 있어야 한다.

"우리 교회는 무엇인가?"

세종대왕이 한글을 창시하게 된 근본은 '백성을 사랑하기 때문'일 것이다. '백성을 위하는 마음이라는 본질'이 확고했기에 많은 반대를 극복하며 한글 창시라는 놀라운 일을 이뤄낼 수 있었다. 그렇다. 사역의 현장도 마찬가지이다. 사역의 본질은 무엇인가? 지금 내가 추진하는 이 사역의 목적은 무엇인가? 묻고 또 묻는 미션 찾기.

이것은 공동체가 어떤 방향으로 나아갈 때 그 당위성을 제시할 것이며 추진력에 힘을 더해 줄 것이다. 미션, 사명은 당신의 교회가 그 지역에 왜 존재하는지에 대한 답인 것이다. 담임목사는 공동의 사명을 수행하도록 공동체의 뜻과 마음을 모으는 영적 지도력을 발휘해야 한다. 교회가 추구하는 가치를 창출하고 지역에서 그 교회만이 감당할 수 있는 사역을 결정하는 것이다.

'우리 사역의 Target은 누구인가?'
'그들에게 우리 교회가 제공해야 할 가치는 무엇인가?'
'가치 실현을 통해 궁극적으로 이루고자 하는 것은 과연 무엇인가?'

위의 3가지 질문에 지금 답해 보자. 교회가 세워진 그 지역에서 사역의 타깃, 즉 주요 전도 대상자들이 누구인지 말할 수 있는가? 자녀를 둔 맞벌이 부부들이 주요 전도 대상자들이라면, 그들에게 필요한 가치는 무엇일까? 그 가치를 통해 궁극적으로 무엇을 이루고 싶은가? 비단, 교회의 방향성뿐 아니라 진행되는 모든 프로그램에도 동일하게 적용하여 질문하고 답을 찾을 수 있어야 한다.

'이 프로그램의 목적은 무엇인가?'
'우리는 이 프로그램을 통해 어떤 가치를 심고자 하는가?'
'과연 이 프로그램을 통해 교인들이 진정한 하나님 나라의 가치를 가질 수 있겠는가?'

물론, 모든 사역의 뿌리는 하나님과 사람들에 대한 사랑과 하나님 영광이다. 사랑은 신앙의 본질이며 목회의 본질이다. 자기의 욕심, 성취욕, 높이 쌓아올린 커리어를 뒤로 하고 하나님 영광을 위한 것 외에 그 어떤 것도 목적이 되어서는 안 된다. 전도의 목적이 교인의 수를 늘리기 위함이라면 장사하는 것과 다름이 없다. 영적 지도자는 항상, 어떤 사역에 앞서 본질을 확인하는 질문을 통해 영혼의 순수성을 점검하고 검증해야 한다. 니체 또한 스스로에게도 "그렇다"라고 말할 수 있어야 한다고 했다. 본질을 향한 질문은 영적 지도자의 자부심을 지켜줄 뿐 아니라 영적인 순수함을 걸러주는 거름망이 될 것이다.

'지금 이렇게 하는 것은 하나님과 사람들 앞에 순수한가?'
'내가 하려고 하는 모든 사역은 과연 순수하게 교인들을 위한 것인가?'
'나는 순수한가?'

《일한다면 사장처럼》(류랑도 저)의 책 속에 있는 일본의 교세라 기업의 이야기를 옮기고자 한다. 일본전신전화공사라는 국영기업이 100여 년에 걸쳐 일본의 전화 산업을 독점적으로 운영하고 있던 1980년 초 일본 정부는 전기통신 업계의 개혁을 시작했다. 독점의 결과로 미국이나 영국에 비해 일본의 전화 요금이 열 배 가까이 비싼 현실은 일본이 정보화 사회로 발전하는 데 있어서 큰 걸림돌이 될 것으로 판단했기 때문에 전화 산업에 민간업체의 신규 참여를 허용하기로 한 것이다. 교세라 그룹의 창업자 이나모리 가즈오 회장 역시 이와 같은 상황을 주시하며 자신이 전기통신 사업을 하려고 하는 목적을 곰곰이 생각했다.

'통신요금을 낮추는 것은 시대와 사회의 요청이다. 하지만 혹시 내 안에 다른 욕심이 있어서 이렇게 생각하는 것은 아닌가? 나에게는 허세를 부리고 싶은 마음이 정말 없는 것인가? 돈을 더 많이 벌고 싶은 의도를 숨기고 있는 것은 아닌가? 혹시 소아병적인 영웅심리에 빠져 허황된 꿈을 꾸는 것은 아닌가?'

그는 전기통신 사업 진출이 자신의 공명심을 위한 것인지 일본 국민과 자신의 조국을 위한 것인지 계속해서 고민했다. 그리고 수천 번의 질문을 던진 끝에 마침내 자신이 설정한 목적의 순수함을 확신했고 전기통신 사업에 진출하게 되었다. 그 결정을 한 가즈오 회장은 이렇게 말했다.

"엄청난 위험 요인을 무릅쓰면서 전기통신 사업에 나서고자 하는 이유는 단 하나, 일본의 통신 요금을 낮추어 고객들에게 유익한 가치를 제공하기 위함입니다. 일본의 통신 요금이 미국보다 열 배 비싼 이유는 독점이기 때문입니다. 저는 새로운 회사를 만들어 전기통신 시장에서 정당한 경쟁을 통해 통신 요금을 내리고 싶습니다. 비싼 통신 요금이 계속된다면 국민의 부담은 점점 늘어날 것입니다. 세상을 위해, 국민을 위해 리스크를 감수하고 과감하게 도전해 보고 싶습니다."

이것이 진정한 가치 중심의 사업이며, 국민을 사랑한 한 기업인의 기업 정신이다. 교회는 사회보다 더 강력한 본질적인 사명을 감당하고 있다. 세상을 밝히고 지역을 변화시키고 교인 각자의 사명과 공동체의 사명을 이루어 하나님의 나라를 이 땅에 이루게 하는 사역의 본질을 향한 담임목사의 본질을 향한 끊임없는 질문, 진정한 담임목사의 자격은 이렇게 피어나게 된다.

 # 여전히 불안해하는 것은

지금 자신의 삶 앞에 놓인 막막함 때문에 불안한 시간을 보내고 있는 목회자, 변하고 싶지만 그 방법을 모르는 목회자, 행여 자신에게도 특별한 기회가 주어지기를 바라는 목회자, 어느 날 갑자기 행운의 천사가 다가와 새로운 사역지를 허락하기를 기다리는 목회자, 그러기에 하루하루를 믿음 없는 자처럼 불안 가운데 보내는 목회자들에게 말하고 싶다.

"거기에 머물러 있을 것인가? 그 자리에 가만히 앉아 기다리고만 있을 것인가?"

한걸음이라도 걸어보자. 그리고 또 한걸음 걸어보자. 실현 가능한 꿈과 목표를 향해 걷는 것이다. 천 리 길도 한 걸음부터라고 하지 않았는가? 날마다 조금씩 차근차근 전진하는 것이다.

그렇다면 어떻게 걸을 것인가? 먼저 믿음의 말로 걸어보자. 일상의 화제부터 바꾸고 믿음의 언어로 말하기 시작하라. 이미 꿈을 이룬 사람처럼 말하고 선포하고 의식하고 나누는 삶을 걸어가라. 나

눔은 기회를 주고, 기회는 실천이 되고, 실천은 영원한 발자국이 되도록 하는 것이다.

내일부터라고 말하지 말자. 미루지 말고 지금 이 시간, 이 시간만이 우리의 시간이다. "Here & Now."

미래를 다시 그리자. 드로잉 비전으로 그림을 다시 그리자. 수정하고 변모하자. 그리고 그 그림이 자신의 이야기가 되도록 만들어가자. 꿈꾸고 상상하여 그린 그림에 믿음으로 칠하고, 나의 스토리로 그 그림을 설명하는 영적 지도자를 꿈꾸어 보라. 미래의 가능성에 자신을 열고 하루하루 자신을 축복해 보라.

담임목회자, 당신은 하나님의 사람 중 리더이며 하나님의 일을 감당하는 사역자가 아닌가? 하나님께 당신을 드려 일생을 헌신한 자가 아닌가? 그런 자가 무엇이 두려우며 불안한가! 우리는 그냥 걷는 것이다. 나그네가 되어 나그네의 무리와 함께 걷는 것이다. 그 길에 서성이지 말고 망설이지 말고 지금부터 걷기 시작하는 것이다. 비록 협착한 길이라도 주님이 걸으신 그 길 위에 그분이 함께 걷지 않으시는가? 우리는 결코 혼자가 아니다. 주님이 계신다. 우리는 그분이 가신 길을 따라가는 것뿐이다.

 ## 외식을 버리는 능력

　미국의 지성 에릭 호퍼의 별명은 '길 위의 철학자'이다. 그는 일곱 살 때 눈이 멀었다. 절망에 빠져 하루하루를 보내던 어느 날 8년 만에 기적적으로 시력이 돌아왔다. 하지만 언제 또 시력을 잃을지 알 수 없었다. 그에게는 눈이 멀 것이라는 두려움 이외에 더 큰 두려움이 있었는데 그것은 죽음이었다. 할아버지, 아버지를 비롯해서 호퍼 집안의 남자들은 대대로 단명했고, 그를 돌보던 보모는 농담 반 진담반으로 "한창 젊은 날에 요절한 가족과 친척처럼 너도 마흔까지밖에는 못 살 것"이라고 말했다고 한다. 그의 보모가 이렇게 이야기한 것은 남은 인생을 보다 가치 있게 살라는 뜻이었다. 호퍼는 보모의 말을 늘 떠올리며 살았다.
　언제 보이지 않을지 모르는 눈, 언제 끝날지 모르는 삶, 호퍼는 끝이 보이는 이 두 가지에 대해 아주 잘 알고 있었기에 하루하루에 모든 것을 걸었다. 우선 그는 볼 수 있을 때 최대한 많은 책을 읽기로 하고 헌책방 근처로 이사했다. 밤낮으로 책을 읽으며 활자에 대한 갈증을 채워나갔다. 먹고 살기 위해 돈이 필요하자 그는 일용직으로 취직해 낮에는 일하고 밤에는 최선을 다해 책을 읽었다. 그는 평생 결혼하지 않고 길 위의 부두를 떠돌아다니며 살았지만 하루를 인생의 마지막 날처럼 살았다. 후에 그는 그의 삶을 단 세 마디로 아주 간단하게 요약했는데, "탁아소에서 20년, 빈민촌에서 20년, 부두에서 25년"이었다.

그가 1951년 첫 저서 《맹신자들》(The True Believer)을 펴냈을 때, 대중과 비평가들은 하나같이 이 길바닥의 철학자가 풀어낸 이야기의 깊이에 경악했다. 호퍼의 책은 미국 지식인들은 물론 계급, 인종, 신념을 초월해 많은 사람들의 열광적인 지지를 받았다. 1968년 그가 CBS와의 인터뷰로 브라운관에 처음 얼굴을 내밀었을 때 이 프로그램은 사상 최고 시청률을 기록했고, 그는 일약 미국을 대표하는 지성이 되었다.

하지만 호퍼의 삶은 미국 최고 사상가로 명성을 얻은 뒤에도 예전과 전혀 달라지지 않았다. 그는 여전히 부두에 출근해 일용직 노동자로 일하고, 숙소에 오면 늘 하던 대로 책을 읽고 글을 썼다. 그는 어떠한 외부의 칭송에도 미동하지 않았다. 그는 그를 떠받드는 추종자들을 볼 때면 늘 한 가지 말만 중얼거렸다고 한다.

"중요한 것은 자신을 대단하게 생각하지 않는 것입니다."

담임목사는 언제나 외식적인 것에 대하여 유혹을 받을 수 있다. 평정심을 갖고 자신을 반추하는 인격과 겸손한 삶의 양태를 한결같이 유지하며 하나님과 사람들 앞에 서야 한다. 스스로 자고하지 않기 위하여 겸양의 자세와 낮은 자로 살아야 한다.

"그런즉 선 줄로 생각하는 자는 넘어질까 조심하라"(고전 10:12).

호퍼의 위대함은 그의 겸양의 자세에 있다.

 **자신과의 경쟁에서 이기라**

나와의 타협이 점점 익숙해지면 기본이 흐트러진다. 성공적인 인생이 되기 위해서는 자신과의 경쟁에서 이겨야 한다. 나와 적당히 타협하면 결국 원하는 바를 이루지 못한다. 리더는 내게는 가혹하고 타인에게는 관대한 자다. 탁월한 리더는 자신을 엄격히 대하고 다른 사람들에게 최상의 은혜를 베푸는 자다. 이 세상을 사는 모든 이들이 생존경쟁 속에서 살고 있다. 치열한 경쟁 사회에서 살아남기 위한 지고의 노력을 기울인다. 우리의 가슴 속에는 2명의 자신이 동거하며 서로 치열하게 싸운다.

지금 이 글을 쓰고 있는 순간에도, 내 안의 나는 그냥 좀 쉬고 글쓰기를 나중에 하고 싶다는 달콤한 유혹을 허용하는 반면, 또 다른 나는 오늘 하루도 성실히 글쓰기를 해야 한다고 권고하며 아주 치열하게 싸우고 있다. 쓰는 순간 후자의 내가 이기는 중이다.

매일 매 순간 우리는 자기와의 싸움을 하고 있다. 나는 '4당 5락'

이라는 합격 슬로건을 걸고 다닌 세대이다. 4시간을 자면 대학에 합격하고 5시간 자면 낙방한다! 스스로 나를 통제하는 시간의 질량이다. 그때부터 수면 부족을 향한 질주(?)가 시작된 건지도 모르겠다. '조그만 더 자자'와 '아니야! 일어나! 공부해야지'와의 싸움인 것이다.

비단 이러한 것만 있겠는가? 일상의 그릇된 습관을 끊는 것, 약속시간 지키는 것, 독서하는 것, 남의 얘기를 경청하는 것 등 우리의 정돈된 삶을 방해하는 걸림돌들이 내 가슴 속에 동거하고 있다. 내 안의 적들과의 동침이다. 담임목사는 자기와의 싸움에서 이겨야 한다. 담임목사는 하나님 자녀들의 탁월한 리더이기 때문이다.

성공한 사람들을 조사해 보면 그들은 천재이기보다는 남들보다 더 많은 노력을 기울인 사람들이다. 그들은 자신과의 치열한 싸움터에서 승리한 자들이며, 지금도 승리하고 있다. 자신과의 싸움만큼 값진 것도 없을 것이다. 많은 유혹을 이겨야 하기 때문이다. 부정적인 감정과도 싸워야 하고 수도 없이 다가오는 마음의 어두운 그림자들과 죄악을 물리쳐야 한다. 자신과 싸워 이기기 위해 어떻게 해야 하는가? 그 병법은 무엇인가?

1. 삶의 원칙을 정하고 원칙에 따라 살아라

원리와 원칙은 다르다. 전자는 이론적이고 논리적인 개념이라면 후자는 일관되게 지켜야 하는 규칙이나 법칙이다. 원칙을 지켜야

보다 나은 내일을 맞이할 수 있다. 원리는 사람을 변화시키지 못하고 머리만 키운다. 사람의 변화는 원칙이 가능하게 한다. 원칙은 삶의 행동 변화를 가져오는 지침이다. 원리와 원칙의 차이는 이런 것이다. '교통법규를 잘 지켜야 한다.' 이는 원리이다. 그런데 '녹색불일 때 건너고 붉은 불일 때 정지한다.' 이는 구체적인 행동지침을 가르치는 원칙이다. '기도해야 한다'는 원리이며, '하루에 30분 기도 시간을 갖는다'는 원칙이다.

담임목사는 원칙 중심의 리더십을 가져야 한다. 리더는 원칙을 중요하게 생각하고 그것을 지키기 위해 노력한다. 원칙은 그 사람의 성숙함을 드러내는 수치이다. 예를 들면, '매일 기도하는 시간 60분'의 원칙을 가진 자와 '매일 기도하는 시간 30분'을 가진 사람을 비교해 보자. 전자는 후자에 비해 하나님과의 관계가 성숙될 가능성과 기회가 더 많을 것이다. 그리고 '1개의 원칙'을 가진 리더와 '10개의 원칙'을 가진 리더를 생각해 보자.

원칙이 많을수록 그의 리더십은 점점 자라게 된다. 많은 원칙을 어떻게 기억하느냐고 반문할 수 있다. 원칙이 습관이 되고 습관이 일상이 되면 원칙들이 많은 것으로 인하여 힘들거나 고민하지 않는다. 원칙이라고 하는 것이 처음에는 지키기 어렵고 힘들 수 있다. 그렇지만 삶의 원칙이 있으면 아무리 어려운 일에 부닥쳐도 방향을 잃어버리는 우는 범하지 않게 된다. 자신과의 싸움에서 이기기 위하여 세워진 원칙들은 일상의 승리를 위하여 필수적이다. 자신의 원칙은 자신과의 약속이다. 약속을 지키는 성숙함이 요구된다.

자신만의 원칙을 기록해 보라. 그리고 얼마나 지키고 있는지를 확인해 보라. 원칙 중심으로 사역하면 반드시 성공적인 사역이 될 것이다.

* 하루에 한 시간 운동하기
* 하루 첫 시간 5:30-6:00 아침 기도시간
* 하루에 3장 성경 읽기
* 하루에 한 장 성경 분해 공부하기
* 하루에 책 한 권 읽기
* 하루에 세 사람에게 전화하기
* 하루에 한 사람 이상 미팅하기
* 하루에 커피 2잔 이하 마시기

이상은 나의 하루 원칙 80여 가지의 원칙들 중 일부이다. 자신만의 하루 원칙들을 세우고 수정하고 성숙시키는 원칙 중심의 리더가 되어야 한다.

2. 자신과 타협하지 말라

자신과의 약속 불이행을 환경 탓으로 돌리거나 나름의 이유를 말해도 이것은 의지가 약하기 때문에 나타나는 현상에 불과하다. 남의 탓 그리고 환경을 탓하지 말자. 하나님을 향한 믿음을 토대로 자신의 의지를 키우는 담임목사가 되어야 한다. 진정한 리더는 결코 환경이나 다른 사람에게 책임을 돌리지 않는다. 또한 쉽게 포기하지도 않는다. 자기 포기는 자기에게 관대하기 때문이다. 어떤 침체의 늪에서 헤어 나오지 못해 성장을 오랫동안 경험하지 못한 목회자일수록 자신과 쉽게 타협하는 모습을 볼 수 있다.

자신의 꿈과 목표를 현실과 타협한다. '해보니까 안 되더라', '해도 안 되더라', '나를 돕는 사람이 없다', '이 지역은 안 되는 지역이다'라고 쉽게 말한다. 그리고 자기 정당화를 토로한다. 이는 리더의 자기 변명 언론 플레이에 불과하다. 진정한 리더는 고난과 난제들을 장애물로 보지 않고 자신이 밟고 지나가야 하는 징검다리로 생각한다. 오히려 그 장애물에 도전하려 한다.

세상의 모든 사람들과 타협할지라도 결코 자신과는 타협해서는 안 된다. 스스로를 멘토 하는 능력, 자기를 멘토 하는 능력을 갖추어야 한다. 자기 타협을 하는 순간 리더십은 무너진다. 자기 경영 능력은 담임목사가 가져야 하는 중요한 역량이다.

3. 착각의 늪에서 빠져나와라

우리 인생은 평가의 연속선상에 있는 삶이다. 스스로를 평가하기도 하고 다른 사람들로부터 평가를 받기도 한다. 현재의 결과가 진정한 평가를 받을 때 더 나은 내일을 향하여 나아갈 수 있다. 그러기에 자신을 향한 피드백과 평가를 받아들이는 겸손과 자기 성숙을 도모해야 한다. 나는 평가에 민감하다. 완벽주의자이기 때문이다. 나를 과소평가하거나 그릇된 평가에 예민하기도 하고 그 마음의 상처가 오래간다. 물론 상처로 남기도 한다. 그런데 그 상처를 보호하기 위해 타인으로부터 받는 평가를 거부하거나 좋은 평가만을 기대하고 산다면 이것은 신기루의 삶이다.

과거의 성공과 좋은 평가가 영원히 지속되리라는 착각을 버려야 한다. 이러한 착각에 빠지는 순간 자신을 객관화하는 시각이 상실된 것임을 기억해야 한다. 리더는 자기 객관화를 할 줄 아는 사람이다. 끊임없는 자기 객관화 능력은 탁월함으로 가는 힘이 된다. 자신이 보고 싶은 것만 바라보고 좋은 평가에 붙들려 살아가지 말라. 그는 가장 어리석은 사람이다.

좋은 평가를 듣기 위해 새로운 사역을 시도하지 않거나 평가단에 대하여 부정적인 반응을 하는 경우가 있는데, 탁월한 리더는 자기 평가에 열려 있는 사람이다. 그런 비판적 평가에 오히려 귀를 기울인다. 겸허하게 받아들이는 사람이다. 특히 목회자는 누구로부터 평가 받는 것을 매우 힘들어 하는 것 같다. 절대 권위를 가진 것으로 착각하기 때문이다. 자기 착각은 자기 함몰로 이어진다. 성군(聖君)은 귀가 열려 있다. 비판적인 평가를 자기를 돌아보는 기회로 삼고 자기 수정을 반복하며 사역에 임한다. 더욱이 성도들의 평가에 귀를 기울이고, 그들의 욕구와 니즈들을 해결하는 지혜롭고 진정한 담임목사가 되어야 한다.

입은 작게, 귀는 크게
자기 자신을 객관화할 줄 알고
남의 평가에 귀 기울이는 참 리더가 되어야 한다.

남들보다 더 잘하려고 고민하지 마라.
지금의 나보다 잘하려고 애쓰는 것이 더 중요하다.
- 윌리엄 포크너

 # 처세술이 아니라 영혼을 전달하라

담임목사는 교인들을 어떻게 대해야 할까? 탁월한 처세술을 발휘해 관계를 형성할 것인가? 수직적 관계가 되어 담임목사의 방식대로 교인들을 이끌고 갈 것인가? 교인들의 입맛에 맞춘 사역을 해서는 안 되지만 그렇다고 담임목사의 일방적인 태도나 방침, 사역의 색깔에 순응하게 하는 것 역시 안 된다.

마크 트웨인(Mark Twain)이 쓴 《허클베리 핀의 모험》에서 허클베리 핀은 부모를 잃은 고아다. 그가 사는 마을의 어른들은 어느 부유한 미망인에게, 장난이 심하지만 영리하고 성실한 허클베리 핀의 후견인이 되어 줄 것을 요청하고, 미망인은 이를 받아들였다. 후견인이 된 미망인은 여러 가지 예절을 가르치게 된다. 실내에서의 예절을 포함한 식사 예절 등등은 혼자 살아온 허클베리 핀에게 너무나도 힘든 족쇄처럼 여겨졌고, 마침내 그는 미망인에게 다시 혼자 살게 해달라고 부탁한다.

물론 이 이야기가 적절한 예가 되지 않을 수도 있다. 하지만 자기만의 삶의 방식이 있는 허클베리 핀에게 미망인의 삶을 일방적으로 강요하는 것은 견딜 수 없는 상황이었다는 것이다. 마찬가지로 담임목사가 자신의 철학과 사역 방침에 교인의 일방적인 순응을 요구하거나 사전 이해와 설득 없이 자신의 방식대로 끌고 가게 되면 충돌을 야기할 수밖에 없다.

교인들은 사역의 동역자이지 '목회자의 종'이 아니다. 그들의 가치와 삶의 방식이 존중되어야 한다. 사람들을 다루는 처세술 또는 인간관계의 기술로 공동체를 이끌거나 교인들을 대하는 것이 아니라, 담임목사가 갖고 있는 영적인 가치와 하나님 중심의 사고를 전달해야 한다. 겸손한 인격과 실행하는 본 그리고 숭고한 영혼이 전이되는 섬김이 있어야 한다.

아동심리 전문가인 제임스 볼드윈(James Baldwin)은 이렇게 말한 바 있다.

"어른의 말을 잘 듣는 아이는 없다. 하지만 어른이 하는 대로 따라하지 않은 아이는 없다."

담임목사가 영혼을 전달하기 위해서 거창한 사역을 펼칠 필요는 없다. 담임목사의 역할을 성실히 수행하는 모습을 교인들에게 보여 주는 것부터 시작하면 된다. 하나님의 좋다운 면모를 보게 하는 것만으로도 아주 강력한 동인이 된다. 자식이 부모의 삶을 모방하듯이 교인들로 하여금 하나님의 자녀로 살게 하고, 삶의 터전인

가정과 교회 그리고 직장에서 그리스도인다운 삶을 잘 살도록 독려하는 것이 담임목사의 영혼을 전달하는 사역의 전부일 것이다.

담임목사는 나이나 학력, 스펙이나 언변으로 성도들을 이끄는 것이 아니다. 언행일치를 위하여 최선을 다하고 현실에 안주하지 않고 자신을 계발하는 모습을 보여 줄 때 교인들은 자연스럽게 담임목사를 따르게 될 것이다.

사역의 목적이 담임목사의 경력을 쌓기 위함도 아니며, 자신의 커리어를 이루기 위함도 아니다. 사역의 본질은 하나님의 영광과 하나님 나라의 확산이며, 그 일을 이루기 위하여 하나님의 사람들을 세워 하나님의 가치로 살아가게 함으로 지역의 복음화를 이루는 것이다. 이것이 본질이며 사역의 기준이며 교회가 필요로 하는 담임목사의 자격이다.

담임목사는 교인들 한 사람 한 사람의 모습을 고스란히 비춰주는 잘 닦인 거울이다. 그러므로 담임목사는 자신의 삶을 진중하게 살아야 한다. 그의 한 마디 말과 행동이 미치는 영적인 영향은 매우 크기 때문이다. 구성원은 지도자의 크기를 넘을 수 없다고 한다. 담임목사가 어떤 사역자인가에 따라 그 교회의 교인도 어떠한지를 가늠하게 된다는 의미일 것이다.

 최고의 사역 경험 G.C.O.P. 모델

소위 영적 리더십으로 인정받고 있는 담임목회자들의 공통점은 이전 사역지에서 최고의 사역을 경험했다는 것이다. 열정적인 사역의 경험이 지금의 자신을 만들어 내는 힘이 된 것이다. 자기 능력의 한계를 임상한 경험, 마음껏 역량을 발휘한 경험이 현재의 리더십을 입증한다. 작은 교회에서 대형교회로 부임하는 경우 작은 성공을 이룬 목회자가 새로운 사역지로 청빙되어 가는 것을 쉽게 볼 수 있다. 공정한 심사라는 전제하에, 청빙위원들은 직전 사역지에서의 사역 결과를 우선순위 기준으로 삼는다. 그러면 도대체 어떻게 해야 지금의 자리에서 최고의 사역을 펼칠 수 있을까? 어떤 요소가 영적 리더십의 역량을 최대치로 끌어낼 수 있을까?

필자는 G.C.O.P. 모델을 제시한다. G(God' power), C(Competencies), O(Organizational needs), P(Passion)를 말한다.

■하나님의 역사(God's power)

영적 리더십은 전적으로 하나님의 인도하심을 그 출발선으로 한다. 임지의 결정도 사역의 방향도 자신의 강점과 은사까지도 하나님의 역사에 기인한다. 하나님의 뜻과 그가 받은 사명으로 사역이 전개되기 때문이다. 하나님께 의존하며 자신의 헌신으로 인한 하나님의 강권적인 역사라 할 수 있다. 하나님을 향한 강력한 헌신의 결과로 역사가 나타날 수 있고, 하나님의 일방적인 섭리하심으로 역사를 일으킬 수 있다. 자신의 초라함에도 불구하고 하나님의 섭리하심으로 최고의 사역을 경험하기도 한다.

■역량(Competencies)

역량은 어떤 리더가 아주 잘할 수 있는 스킬, 행동, 능력 등을 말한다. 역량은 행동뿐 아니라 지식 혹은 전문적인 영역이기도 하다. 역량들 중 일부는 타고난 재능일 수도 있고, 오랜 시간 꾸준하게 개발된 것도 있다. 역량은 일상적인 대화, 글쓰기, 복잡한 문제의 이해 능력, 경청, 방향 제시, 위기상황 극복 등에 요구되는 스킬일 수 있다.

■조직의 요구(Organizational needs)

통상 공동체는 리더의 열정, 역량, 그를 통한 하나님의 역사에 직접적인 영향을 받는다. 교인들의 필요가 무엇인지, 직면하고 있는 공동체의 문제가 무엇이며 그 해법을 찾아 공동체의 필요를 충족시킨다. 이것이 곧 담임목사의 영향력으로 평가되어 사역의 더 큰 확대를 이루게 된다.

■ 열정(Passion)

역량이 특출하고 하나님의 역사가 가시적이라고 해서 열정을 가지고 있다고 말하기 어렵다. 좋은 목소리를 타고났어도 가수로 성공하지 못할 수 있고, 대중 앞에 서는 것을 부자연스럽게 여길 수 있기 때문이다. 이런 경우, 역량은 있으나 열정이 없다 할 수 있다.

목회자 가운데도 인격적인 성품이 좋고 하나님과의 친밀한 사귐을 사모하나 열정이 없는 분들을 많이 볼 수 있다. 안타까운 일이다. 열정은 역량을 뛰어넘는 힘이다. 열정은 또 다른 하나님의 섭리를 이끌 수 있다. 열정은 공동체에 새로운 활력을 불어넣고, 생각 그 이상의 사역을 경험하게 한다.

이러한 4가지 요소 중 어느 것 하나도 분리되어서는 안 된다. 이것을 영적 리더십의 요체라고 한다. 요체란 핵심을 이루는 성질을 뜻하는 것으로 담임목사의 자격에 아주 적합한 요소이다.

 혁신적인 사역자의 DNA 5가지[1]

하버드 대학에서 창의적인 CEO 25명, 3,000명의 임원, 500명의 일반인을 조사하여 분석한 결과, 혁신적인 CEO의 DNA가 5가지 있음을 발견하였다. 그들은 하루뿐 아니라 업무의 50% 이상을 이 5가지의 DNA 작업에 헌신하고 있음을 확인한 것이다. 우리 담임목사들도 마찬가지이다. 사역의 수장으로 교회 공동체를 인도하는 최고의 영적 CEO이므로 담임목사의 영적 사역에 5가지의 DNA가 내재해야 한다.

그 보고서에 의하면 비혁신적 CEO들은 자신의 역할을 '전략적인 혁신' 자체보다 '혁신 프로세스를 주관'하는 정도로 인식하는 것으로 나타났다. 이것을 목회사역에 적용한다면 목회의 혁신보다는 교회 사역을 프로그램 돌리기 또는 행사 정도로 생각한다는 것이다. 그것은 임시적으로 좀 나아지는 듯하지만 이내 그 효용가치가

---

[1] 이는 Dyer. Gregsen. Christensen. *The Innovator's DNA*. HBR. 2009를 인용하여 각색한 것임을 밝혀둔다.

떨어지고, 지속적으로 새로운 프로그램을 운영해야 하는 부담감이 가중되어 도리어 담임목사의 리더십이 시험대에 오르게 된다. 그러므로 담임목사는 결단코 자신의 역할을 일시적인 프로그램이나 단발적인 행사를 운영하는 데 두어서는 안 된다. 그 DNA를 소개하려고 한다.

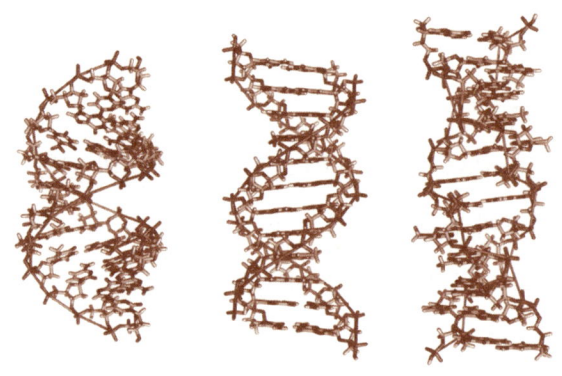

■혁신 DNA 1 : 연결하기(Associating)

뇌의 조합 기능을 통해 전혀 상관없어 보이는 아이디어나 문제들을 서로 연결하여 새로운 방향을 찾아내는 DNA이다. 이를 이루기 위해서는 다양한 지식과 폭넓은 영역에서 직간접적인 경험이 우선적으로 필요하다.

애플의 창시자인 스티브 잡스는 "창조는 곧 연결이다"(Creativity is connecting things)라고 하였다. 아인슈타인은 "창조적 사고는 조합하는 놀이다"라고 하였다. 다양하고 탁월한 사역들을 조합하거나 교회 내에 진행되고 있는 여러 사역을 하나로 엮는 것을 창조적 혁신이라고 한다. 창조는 전혀 새로운 어떤 것을 발견하는 것이 아니라 좋은 것들을 발전시켜 더 나은 것으로 이루어 내기 위한 조합을 하는 것이다.

■ 혁신 DNA 2 : 질문하기(Questioning)

문제를 제기하고 그 해답에 집중하지 않고 문제에 대하여 지속적으로 질문하는 것으로 혁신을 이루는 DNA이다. '이것이 뭐지?'(What is it?), '이유가 뭐지?'(What is the caused?), '왜 아닌가?'(Why not?), '만약…라면?'(What if~?) 이와 같은 끊임없는 질문으로 혁신을 이루는 것을 말한다. 피터 드러커는 "가장 중요하고 어려운 일은 올바른 답을 찾는 일이 아니라 올바른 질문을 하는 것이다"(not right answer, but right question)라고 했다.

'왜 우리 교회는 안 되는 것일까?' '안 되는 이유가 뭔가?' '저 교회가 된다면 우리 교회는?' 현재 진행하고 있는 것일지라도 또한 성공적인 사역일지라도 또 다른 혁신을 이루기 위하여 새로운 혁신을 가정하고 그것의 답을 찾아가는 연구가 지속되어야 한다. 담임목사는 혁신가여야 하고, 창조적 파괴자이며, 지속적인 질문자여야 한다. 연구하는 R&D Leader여야 한다.

■ 혁신 DNA 3 : 관찰하기(Observing)

이는 소비자나 잠재고객의 형태를 사회과학자 내지 인류학자 입장에서 관찰함으로써 혁신 대상을 발견해 내는 DNA이다. 이러한 혁신 DNA를 가진 CEO는 소비자나 납품업체 심지어 경쟁업체들을 대상으로 마음을 끄는 것이라면 무엇이든 모든 감각을 통하여 관찰하고자 하는 DNA이다.

스티브 잡스는 미국 학생들이 들고 다니는 책의 사이즈를 관찰한 끝에 아이패드의 사이즈를 책 사이즈인 9.7인치로 결정하여 개발하게 되었다. 담임목사는 이와 같이 교회와 교인, 그리고 지역, 앞서가는 교회, 심지어 실패하는 교회의 모든 것을 관찰하고자 하는 혁신 DNA를 개발해야 한다.

■ 혁신 DNA 4 : 실험하기(Experimenting)

혁신적 DNA를 가진 CEO들은 지속적으로 지적인 탐험을 하고, 새로운 환경으로 들어가 임상하고 적용하는 실험을 진행한다. 실패를 두려워하지 않고 임상하고 또 임상하여 사역의 혁신을 이루어 가는 것이다.

에디슨은 이렇게 말했다. "나는 실패한 적이 없다. 다만 제대로 작동하지 않은 1만 가지 방법을 발견했을 뿐이다." 아마존 비즈니스의 전설을 쓰고 있는 '제프 베조스'는 서적 카탈로그에서 온라인 서점으로, 온라인 서점에서 전자책으로, 전자책에서 클라우드 컴퓨터 업체로 혁신하는 실험을 지속적으로 진행했다. 창조는 실험 없이 이루어지는 것이 없다.

사역에는 실패가 없다. 경험을 쌓는 것뿐이다. 하나님의 사역은 결코 실패라고 얘기할 수 없다. NCD가 우리나라에 소개되어 소그룹 사역을 이루어내는 프로세스 중에서 담임목사가 소그룹의 리더가 되어 임상하게 한 것이 참 좋은 예이다. 사역을 전 교회적으로 확산하기 전에 담임목사가 직접 피임상자가 되어 실험하는 과정을 거치고, 수정 보완하여 온전하게 한 후 전 교회 사역으로 확산하는 것이 바람직하다.

많은 담임목사들이 사전 임상 없이 사역을 진행했다가 교인들에게 사역의 성공과 실패로 평가되어 영적 리더십이 훼손되는 경우를 많이 본다.

스페이스 X, 테슬라 모터스 창업자인 엘론 머스크(Elon Musk)는 이렇게 말했다.

"실패는 옵션이다. 실패하지 않는다면 당신은 충분한 혁신을 이룰 수 없다."

■혁신 DNA 5 : 네트워킹(Networking)

혁신 DNA를 가진 CEO들은 다양한 지식과 경험과 배경을 가진 사람들과 교류하고 관계를 맺는다. 그들과의 교류를 통해 자신의 부족함을 깨닫고 새로운 것을 착상하는 계기로 삼는다.

담임목사는 자신이 갖고 있는 목회와 목양의 한계를 넘기 위하여 다양한 리더들과 교류하고 관계를 맺어야 한다. 자신의 사역 유형과 관계없어 보이더라도 다양한 분야의 리더들로부터 배우고, 식견을 넓히고 성숙시키며 적극적인 혁신 DNA를 키워야 한다.

담임목사의 자격에 반드시 발현되어야 하는 혁신 DNA 5가지 연결하기, 질문하기, 관찰하기, 실험하기, 네트워킹을 잊지 말자.

 가치를 향한 사역이 되게 하라
-샤넬 이야기

　1920년 만들어진 '샤넬 넘버 5'는 무려 90년 이상을 스테디 셀러로 군림해 온 향수계의 지존이다. 그러나 샤넬 넘버 5의 명성은 점점 빛을 잃어갔다. '할머니들이나 쓰는 향수'로 인식됐기 때문이다. 이러한 이미지 추락으로 인해 어려운 환경에 있을 때, 샤넬의 대표 조향사인 자크 엘루(Jaques Helleu)는 새로운 샤넬 향수를 세상에 내놓았다. 동그란 원형의 향수병!

샤넬의 전매특권이었던 사각형 모양의 병에 익숙한 사람들은 적잖이 당황하였다.
　모양에서부터 색다른 감을 준 이 향수병은 두 손에 쏙 들어가는 사이즈였으며, 다시 샤넬의 젊음을 만들었다. 이 향수가 바로 '샹스'(Chance)이다. 자크 엘루는 수많은 불면의 밤 속에서 샤넬을 다시 불러냈다. 그녀와 이야기하고 그녀와의 추억을 생각하면서 향수의 콘셉트를 다시 생각했다. 그리고 그는 깨달았다. 비록 샤넬은 죽었지만 그녀만이 가진 삶의 스타일은 결코 죽지 않았다는 것을 말이다.

　샤넬의 삶은 한마디로 아무것도 없는 바닥에서 쌓아올린 성과와 같다. 고아 출신의 배경에 더욱이 재산도 없었다. 그녀는 오직 노력만으로 그녀에게 다가온 '기회'(Chance)를 잡았다. 자크 엘루는 여성들에게 향수가 아니라 기회를 주고 싶었다. '샹스'(찬스, 기회)를 뿌리고 당당하게 앞으로 나아가라고 말하고 싶었다. '샹스'의 병이 여성의 두 손 안에 쏙 들어가는 이유는 그 병을 잡는 것처럼 꽉 잡으라는 의미를 담았기 때문이다.

그렇다. 향수를 파는 것이 아닌 기회를 주고 싶은 조향사의 가치를 향한 노력이 샤넬을 샤넬 되게 하는 것처럼 모든 교회 사역이 가치를 향한 우리의 질주여야 한다. '하나님 나라'의 가치 실현과 복음의 가치, 사역의 꽃이며 최고의 가치인 하나님의 사람을 세우자. 그들로 하여금 성경적인 가치를 갖고 그 가치에 따라 살게 함으로 가치 있는 인생이 되게 하는 것이 바로 가치를 향한 사역이다.

 어항 속 담임목사의 성공 전략

 담임목사는 어항 속의 물고기와 같이 유리 집에서 사는 것 같다. 그만큼 주목의 대상이 된다는 말이다. 삶이 노출되기도 하고 사역뿐 아니라 소소한 행동도 평가를 받는다. 교인들은 담임목사의 작은 말 한마디 한마디를 현미경으로 관찰하는 것처럼 바라보고 있다.

 미국의 속담 중 "깃대가 높이 올라갈수록 엉덩이가 더 많이 드러난다"는 말이 있다. 규모가 큰 교회로 부임한 경우 더 많은 관심과 개인 사생활까지 드러나기도 한다. 한국 정치의 청문회를 보더라도 '도대체 어떤 사람이 청문회를 통해 고위 관직에 오를 수 있을까?' 하는 의문이 들 만큼 청문회 대상자들은 속옷 하나 걸쳐 입지 못하고 그 자리에 앉아 있는 것 같다. 유리 집 정도를 넘어서 쉽게 까발려지는 얇은 비닐 집 같다. 그러다 보니 내 생각은 정치인이 될 사람을 미리 선정하여 태아 때부터 청문회에서 요구하는 지도자로 만들어가는 작업(?)을 해야 하지 않을까 싶다.

살아가면서 실수도 하고 실패도 하며 살아가는 것이 인생 아닌가? 때론 좌절도 하고 다양한 경험들을 통해 인생의 가치관과 철학을 형성하는 것이 정도(正道)인 것을, 마치 교과서적인 삶을 살아야 높은 관직에 오르고 지도자가 되는 것처럼 무자비한 잣대를 들이대고 있다. 과연 부조리와 무질서 속의 세상을 교과서가 어떻게 감당할 수 있을까? 그럼에도 불구하고, 유리 어항 속에 사는 것 같은 담임목회자들을 위한 몇 가지 조언을 드린다.

1. 외교관처럼 행동한다.

외교관은 국가를 대변하는 사람이기에 그의 말 한마디 한마디가 신중하다. 말하기 전 생각하고 발언 수위를 조절한다. 진중한 자세가 요구된다. 담임목사 또한 진중한 언어를 사용해야 한다. 담임목사의 실언은 공동체 전체를 이끄는 리더십 추락의 도구가 될 수 있기 때문이다. 외교관들의 언행은 깊이와 무게를 더한다. 외교관은 자신의 입지를 위하여 존재하는 자가 아니라 한 국가를 대변하는 위치이기 때문이다. 하나님 나라의 입지를 위해 언어의 무게감와 행동의 품위를 갖추어야 한다.

2. 비속어 사용을 자제한다.

담임목사는 교회의 모든 예배의 메인 스피커로 하나님 말씀의 대언자이다. 그러기에 거룩하고 성스러운 영적 지도자로 존중받는다. 그러한 위치에 있는 담임목사이기에 그의 언어유희에 대해 사람들은 민감하다. 지나친 농담이나 심지어 가벼운 유머를 사용하는 정도에 대해서도 비판을 받는다.

3. 자기 객관화를 한다.

담임목사는 자신의 사역과 삶을 객관화할 장치가 별로 없다. 누가 담임목사에 대하여 피드백을 할 수 있겠는가? 담임목사는 어쩌면 치외법권(?)을 갖고 있는지도 모른다. 자신의 사역은 성역(聖域)이라고 생각한다. 그러나 어디 담임목사의 사역만 성역인가? 인생의 모든 삶이 하나님의 거룩성이 미치는 성스러운 영역이다.

우리나라 사람들은 전반적으로 피드백을 어려워하는 것 같다. 하는 이나 피드백 받는 이나 힘들어한다. 체면 문화가 잔재되어 있기 때문일까? 체면의 문제가 아니다. 피드백 받는다고 하여 권위가 없어지는 것이 아니다. 도리어 권위가 아름다워진다. 나 역시 피드백을 무지 힘들어한다. 하지만 지금도 고되긴 해도 피드백 잘 받기 훈련을 계속하고 있다. 돌이켜보면, 피드백은 하나님의 음성으로 새겨지는 경우가 허다하다. 담임목사는 주로 피드백을 하는 자에 속한다. 그러기에 도리어 피드백을 받기에 깨어 있을 필요가 있다.

어느 누구나 어항 속에 머무는 것을 꺼릴 것이다. 그러나 어항 속에 살고 있는 것이 우리 담임목사이다. 하나님의 사도로 많은 사람들에게 비추이며 살아가야 하는 숙명적인 직분, 그것이 바로 담임목사이다.

 ## 교인들의 자존감을 높이라

담임목사라는 직위의 리더십을 갖게 되면 교회가 조금씩 안정되어 갈수록 외부 사역의 필요에 반응하게 된다. 매슬로우의 욕구 피라미드를 보아도 사람의 욕구는 상승하기 때문에 담임목사의 욕구 역시 사회적인 활동으로 상승되는 것은 자연스러운 것이다. 더욱이 교회 사이즈가 커지면 직함도 따라서 늘어가게 된다.

그러나 담임목사는 목양자다. 그리고 목회자다. 대외적인 활동으로 바빠지면 목양에 신경과 에너지가 분산될 수밖에 없다. 그러면 교인들 사이에 불만이 쌓인다. 최근 한 교회에서 이와 같은 현상으로 교인들이 이탈하기 시작했다. 교회를 떠나는 큰 이유 중 하나가 담임목사의 외적인 사역 확대라고 했다. 사역의 균형 비율을 3:7로 권한다. 3은 외부 사역에 투입하는 비율(열정, 시간, 에너지 등)이고, 7은 교회 내부의 사역에 전념하는 비율이다.

특히 유의할 것은 성공한 교회를 벤치마킹 할 때에도 교인들의 소리에 더욱 귀 기울이라는 것이다. 일방적인 벤치마킹은 성공적인 신화에 따라 외적으로 드러난 사역을 답습하고, 그 교회의 프로그램을 그대로 옮겨 자기 교회에 적용하려는 실수를 범하게 한다. 성공 사례대로 사역을 모방해서 성공을 거둔 교회가 얼마나 되는지 알고 있는가?

외부에서 배운 프로그램을 그대로 따라하지 말고 자기 것으로 승화하자. 가장 좋은 방법은 교회의 리더들과 함께 우리만의 프로그램으로 재창조하는 것이다. 담임목사는 교인들의 갈망과 필요를 파악해야 한다. 주의 종과 함께한다는 사명감으로 교인들의 자존감을 높인다면 그 어떤 프로그램보다도 교회를 성공적으로 성장시켜 하나님을 기쁘게 할 것이다.

■ 교인들의 욕구에 적극적인 경청을 하라.
지도자의 입장이 아닌 교인들이 무엇을 원하는지를 경청하는 태도가 필요하다. 소극적 경청이 듣는 것이라면 적극적인 경청은 반응하는 것이다. 벽창호란 고집이 센 사람을 비유적으로 이르는 말이지만, 상대의 이야기에 귀를 기울이지 않고 자신의 말만 늘어놓는 사람이라 할 수 있다.

■교인을 목회 동역자로 인지하고, 인정하고, 함께하라.

평신도는 예배 출석자가 아니다. 하나님의 교회를 교회답게 세워가기 위해 하나님께서 보내신 사역자들이다. 단지 파트타임 사역자일 뿐 어쩌면 세상을 변화시키는 가장 강력한 사역자는 평신도일 수 있다. 평신도 사역자를 목회와 목양의 파트너로 여기고 세워가는 리더십을 발휘해야 한다. 그들을 진정한 사역의 동역자로 여겨야 한다.

■교인들의 생각을 자극할 수 있는 개방형 질문을 하라.

생각을 자극하는 질문은 교인 스스로 해답을 찾고 교회의 일에 더욱 적극적으로 동역할 수 있는 동기를 일으킨다. '예, 아니오'의 단답형보다 교인들의 다양한 의견을 듣는 개방형 질문을 될수록 많이 던지는 것이 바람직하다. 개방형 질문을 하다 보면 교인들의 생각이 어디서 어떻게 나오는지 출처를 이해할 수 있고, 의견의 간격을 찾을 수 있어 대화와 커뮤니케이션이 풍부해진다. 잘 알고 있는 2:8의 원리를 응용해서 2는 말하기, 8은 듣기라면, 말하기의 2조차도 질문형 말하기를 권한다.

 통전적 사역을 위한 담임목사의 역할 유형

통전적인 사역을 위해서는 담임목사의 역할이 아주 중요하다. 우선은 교회 시스템 구축력, 프로그램 기획력, 지역 분석력 등의 역량이 요구되고, 이것을 기반으로 교회의 브랜드(교회의 이미지)를 결정할 수 있어야 한다. 통전적인 사역은 혁신을 전제로 한다. 담임목사가 혁신의 유형들을 이해하고 자기의 패턴이 어떤 혁신 유형인지 이해한다면 혁신을 전제로 한 통전적 사역을 수월하게 이뤄갈 것이다.

혁신의 유형에는 '역량 혁신형', '프로그램 혁신형', '교회브랜드 혁신형', '시스템 운영 혁신형', '가치 혁신형'이 있다.

역량 혁신형 담임목사는 교회 내부의 역량을 강화하는 데 집중한다. 교회의 건강한 성장을 위해 필요한 인적, 물적 자원 등을 확보하는 유형이다. 교회와 교회의 M&A 전략 또는 지역교회와의 연합을 통한 사역 개발을 도모하고, 리더 세우기 전략을 통해 인적 자원을 구축한다.

프로그램 혁신형 담임목사는 종전의 사역과는 다른 새롭고 창의적인 사역을 추구하고, 프로그램의 변화를 통해 사역의 혁신을 이루는 유형이다.

교회브랜드 혁신형 담임목사는 교회분석, 지역분석을 토대로 그 교회만의 특성(이미지, 브랜드)을 찾아낼 수 있다. 전도 집중 교회인 주안장로교회 혹은 부광감리교회, 제자훈련으로 브랜드화된 사랑의교회, D12 시스템으로 알려진 부산의 풍성한교회가 이와 같은 유형이다.

시스템 운영 혁신형 담임목사는 교회를 시스템으로 조직화하고 그에 준한 프로세스를 구축할 수 있는 유형이다. 교회 성장은 이제 시스템이다. 시스템은 체계화를 말한다. 시스템이 잘된 교회로의 전환을 시도하는 유형이다.

가치 혁신형 담임목사는 교인의 수적 성장에 초점을 두지 않고 교회가 추구하는 가치에 중심을 둔다. 교회가 지향하는 가치를 실현하기 위해 노력하고, 하나님이 기뻐하시는 가치를 이루기 위해 날마다 자기를 혁신하는 유형이다.

교회의 통전적인 사역을 위해 변화를 도모할 때, 무작정 소문난 교회를 모방하지 말고 객관적 자기 분석을 통해 그에 준한 유형을 토대로 목회정책을 수립하기 바란다. 먼저, 지역을 분석하고 → 교회 역량을 분석하고 → 담임목사의 혁신 유형을 안 다음에 → 유형에 적합한 정책을 세우는 프로세스를 거친다. 리더는 필드맨(Field-Man)이 아니다. 정책을 수립하고 결정하여 그 정책이 올바르게 이루어지도록 지속적으로 동기부여하는 지도자이다.

 자신의 사역에 전문가 이상이 되어야 한다

담임목사가 되기까지 걸어온 길을 헤아려보면 신학대학원(M.Div.) 3년, 전도사 3년, 목사고시, 부목사 3-5년, 신학석사과정(Th.M.) 더 나아가 신학 또는 목회학 박사과정을 거친다. 학부 이상의 학위를 포함하면 10년 이상의 기간이다.

《아웃라이어》의 저자인 말콤 글래드웰은 '일만 시간의 법칙'을 이야기했다. 전문가가 되는 시간이 총 10,000시간이라고 하였다. 이 시간이 10년이니 목회자가 보내온 시간들은 전문가라 불리기에 충분한 시간이다. 담임목사는 전문가 이상의 영성과 실력을 겸비한 자이다. 그러나 적지 않은 목회자들이 목회 사역에 아마추어처럼 머물러 있는 실정이다. 물론, 하나님 앞에서는 언제나 아마추어여야만 한다. 하지만 교인들 앞에서, 교회를 모르는 세상 사람들 앞에서는 전문가를 능가하는 정도가 되어야 한다.

교회라는 독특한 영적인 공동체를 경영할 수 있는 경영 능력이 세상 기업가들의 본이 되어야 한다. 하나님의 사람들을 세워 세상을 능히 이길 수 있게 해야 한다. 지역복음화 전략을 통해 사단의 마케팅을 무용지물로 만들어야 한다. 성경에 대한 해박한 지식으로 세상의 어떤 달콤한 철학도 설명해 낼 수 있고, 세상을 읽는 분별력으로 다가오는 시대를 조망하며 성경의 언어로 오늘날의 언어를 바꾸고, 감동적인 설교를 통해 세상의 가치를 하나님 나라의 가치로 바꾸는 탁월함이 바로 우리가 말하는 전문성이다.

적어도 목회에 있어서는 누가 어떤 영역을 묻더라도 전문가다운 지식을 함양해야 한다. 경험을 통한 지식뿐 아니라 이론적인 지식도 병행해야 한다. 이 중에서 반드시 알아야 하는 사역 지식은 다음과 같다.

■ 목회의 본질에 대한 지식이 명확해야 한다.

교회란 무엇인가? 목회와 목양은 무엇인가? 하나님의 사람을 세워가는 로드맵에 대하여 진리를 진리 되게 전달할 수 있는 것이 본질이다. 하나님 나라의 가치를 바르게 전달할 수 있는 지식이다.

■ 목회의 본질이 성과가 나도록 꾸준히 전략을 짜는 전략가가 되어야 한다.

목회의 본질을 구현하기 위해 필요한 수단, 도구에 대한 지식을 가져야 한다. 목회 구현의 방법을 의미한다.

■목회의 메커니즘을 이해해야 한다.

메커니즘의 사전적 의미를 찾아보면 작동 원리나 구조를 뜻한다. 목회의 메커니즘이란, 전도대상자 타겟팅, 교회의 방향성, 지역의 환경 변화와 교인들의 동향 그들의 필요와 욕구를 말한다. 이것을 이해하고 이끌 수 있는 능력, 기술을 가져야 한다. 그 교회는 그 교회만의 독특한 사역이 이뤄져야 한다. 어느 교회의 성공적 사역이 반드시 또 다른 교회의 성공을 보장하지 않기 때문이다. 그러므로 담임목사는 우리 교회 현장의 메커니즘을 연구하고 그 교회만의 독특한 사역을 하도록 최선을 다해야 한다.

■교회 구성원들을 분석하고 단계별 성장을 위한 사역 계획을 세워야 한다.

교회 구성원을 분석하면 방관자, 단순 참여자, 다소 헌신자, 헌신자, 하나님의 나라를 구현하는 자로 분류할 수 있다. 구성원들의 영적 수준을 분석하고 방관자를 참여자로, 헌신자를 하나님 나라를 구현하는 제자로 이끌기 위한 구체적인 훈련 계획을 세워야 한다. 이것이 바로 우리 교회의 목회 사역이 될 것이다.

■교회의 방향성에 따른 목회 정책이 세워져 있어야 한다.

그때그때 임기응변적인 프로그램으로 공동체를 이끌어서는 안 된다. 그 교회가 걸어가야 하는 길을 찾고 그 길을 가는 데 필요한 도구들을 준비해야 한다. 목회 정책은 교회의 방향성에 근거하여 비전을 공유한 교인들과 지속적으로 소통하여 수립해야 한다.

이제는 자연스러운 성장이 보장된 목회의 시대는 벗어났다. 이 정도면 됐다는 의식을 벗고 안주하지 말고 나아가야 한다. 배움과 목회 연구를 게을리한다면 침체에 빠지게 될 것이다. 목회에는 현상유지라는 말이 없다. 지속적인 성숙과 성장이 되어야 한다. 아는 만큼 목회현장을 감당할 수 있다. 무지에 대한 값을 지불해야 할 수도 있다. 배우고 익히는 학습의 시간이 멈추는 순간 본인도 모르게 리더십은 추락하고 빙글빙글 맴도는 자신의 역량에 대한 책임을 져야 한다.

담임목사의 자격은 전문가 이상의 탁월함을 향한 질주 본능을 갖는 것이다.

 # 창조적 리더십을 키우라

　하버드대 교수인 아마빌(Amabile)은 창조적 리더십에 전문성과 역할 동기부여 그리고 창조적 기술이 수반되어야 한다고 했다. 창조적 사역을 할 수 있는 여건 및 환경을 조성하고 교인을 포함한 모든 구성원들에게서 창조적 행동을 유발하는 모든 과정을 말한다. 창조적 리더십은 영적인 감각과 풍부한 상상력을 통한 끊임없는 혁신으로 이뤄진다. 열린 사고와 수용력이 뛰어나야만 가능하다. 미래 교회는 바로 이 창조적 리더십이 있어야 생존할 수 있을 것이다. 선택이 아니라 필수가 되었으며 생존을 위한 지고한 전략이다.

* 창의성 있는 아이디어 논리
* 리더가 갖는 리더십의 논리
* 상황과 리더십의 위기
* 조직의 유연성

* 영적인 열정
* 교회의 핵심역량인 인적 물적 자원의 공급

이와 같은 요인이 공존할 때 성공적인 사역이 이뤄진다. 모든 행동에는 그 이유를 뒷받침하는 이론이 정립되어야 한다. 어떤 행동의 근거는 논리로 설명되어야 한다. 논리 없이는 공유가 어렵다. 자신의 리더십과 교회의 방향성에 관련된 충분한 논리를 만들어야 한다. 이러한 논리는 저절로 생기는 것이 아니다. 지속적인 학습으로 업데이트(up-date)해야 한다. 그리고 무엇보다 비전의 사람들이 있어야 한다. 사람이 답이다. 창조적 아이디어와 환경이 조성되었다 할지라도 창조적 사역을 수행할 사람이 없다면 이론으로 끝나게 된다. 사람이 문제 해결과 모든 사역의 키(key)가 된다.

교회의 생명력과 성장 동력은 잘 준비된 비전의 사람들이다. 교회는 사람이 성장의 첫 요인이며 생명력이 된다. 사람을 세우라. 사람들이 하나님 나라를 위하여 일하며 교회를 위하여 헌신한다. 목회의 근본은 하나님의 사람들을 세우는 데 있다. 하나님의 사람들을 위해 나는 무엇을 해야 하며, 그들을 온전케 하기 위해 나는 어떤 삶을 살아야 하고 무엇을 준비해야 하는가? 자문하고 끊임없이 답을 찾아가야 한다.

창조적 사역의 발걸음은 담임목사 혼자만으로 이뤄지지 않는다. 주변의 동역자들을 100% 활용하여 그들의 의견을 듣고, 그들에게 창조적 환경을 조성해 주고, 창의적인 사역 제안이 거침없이 올라오도록 해야 한다. 창조적 사역은 창조적 파괴로부터 시작된다. 과거에 매임, 구습을 따르는 역사를 고집하거나 무리수를 두지 않으려는 안이함, 현상유지, 두려움으로부터 창조적 파괴가 있어야 한다. 파괴의 터 위에 그 교회만의 독특한 사역이 창조될 수 있다.

 ## 학습된 무력감을 극복하라

오랜 시간 정체의 국면에 접어든 많은 교회들은 무력감에 학습되어 있다. 어떤 일에 도전하는 것을 의미 없는 것으로 여기고 급기야 시도조차도 하지 않는다. 생명주기 곡선에서 급속도로 꺾이는 현상을 경험한 많은 목회자들은 스스로 고착화되어 무기력하게 사역에 임하고 있다. 무력감을 지속적으로 경험하다가 정말로 무력해지는 일이 우리 주변에서 흔히 일어난다.

나의 경우가 그러했다. 나는 수학이 정말 재미없었다. 아무리 해도 점수가 나오지 않고 모든 과목 중 가장 공부하기 힘든 과목이었다. 그래서 포기했다. 대학입학시험을 치를 때에도 수학 시험을 보지 않는 대학을 지원할 정도였다. 아무리 노력해도 달라지는 것이 없기에 포기하고 다른 과목에 집중하는 것이 낫다는 판단이었다. 무력감을 포장한 것이다. 무기력이 학습된 것이다.

이러한 무기력에 학습된 목회자들을 무수히 대한다. 아무리 해도 교회 정체를 벗어나지 못한다고 한다. 이것저것 다 해보았는데 어느 것 하나 되는 것이 없기 때문에 나타나는 항변이다. 항변이라도 하면 나으련만 그것조차도 없다. 급기야 사역을 마음에서 내려놓은 채 그저 잘되기만을 바라고 있다. 이것을 학습된 무력감의 표출이라 한다.

학습된 무력감을 가진 목회자에게 나타나는 두 가지의 증상이 있다. 하나는 어떤 노력도 시도하지 않는 것이다. 다른 한 가지는 오히려 지극히 활동적이 되어 돌파구를 찾기 위해 모든 시도를 다 해보려고 한다. 이것은 무력감에 학습된 것이 아닌 것처럼 보일지 모르지만, 그 이면을 들여다보면 허우적거리는 것이지 어떤 방향을 향해 질주하는 것이 아니다. 궁여지책일 가능성이 크다.

집중과 몰입은 성공의 가늠자이다. 집중 없이 어떠한 결과도 가져오지 못한다. 목회는 방향이다. 푯대를 향해 달려야 한다. 향방이 없는 질주는 헛수고일 뿐이다. 어디로 가는지를 알아야 그 길을 나서고 그곳을 가게 된다. 무작정 출발할 수 없다. 그냥 가방을 둘러메고 길을 나서는 것은 여행이 아니라 나그네의 모습이다. 나그네의 목회를 한다면 그리하여도 무관하지만 본연의 목적을 위한다면 이제 선택해야 한다. 교인들과 함께 가려 한다면 공유한 목적지를 선택하고 나아가야 할 것이다. 목적지를 알아야 교인들이 함께 차에 오르지 않겠는가?

목회자는 나아갈 곳을 아는 순례자이지 나그네가 아니다. 우리에게는 걸어갈 길과 목적지가 있다. 그 목적지를 향해 빙글빙글 도는 제자리를 박차고 일어나 나만이 집중할 수 있는 사역의 색깔을 결정해야 한다. 그 외의 것은 망설임 없이 버리고 한 가지에 집중하여 자신의 목회 모양을 만들어야 한다. 자신의 이미지와 교회의 브랜드화는 이렇게 이루어진다. 무기력함을 벗는 결단과 버리는 작업을 통해 실행하는 자신만의 목회를 구현하는 그 길을 나서야 한다. 언제까지 이것저것 하며 동분서주하다 멈출 것인가? 지금 하고 있는 사역들, 그 모든 것들이 의미있고 중요하다고 생각하는 사고방식만 버리면 쉬워진다.

2부
나만의 목회를 향한 질주 본능

"모방은 제2의 창조"라고 하고, "해 아래 새것이 없다" 하여 남의 것을 답습하고 복사하여 사용하는 것을 당연시하여 왔다. 그러나 이 시대는 창조경영의 시대다. 새로워지지 않으면 살아남기 어려운 시대에 살고 있다. 생존을 위하여 창조적으로 살아야 한다. 창조적으로 살기 위해서는 지금의 그 자리를 떨치고 일어나야 한다. 끊임없는 자기혁신을 통하여 변화를 이끌어야 한다. 지금 한국교회는 대동소이(大同小異)하다. 큰 교회나 작은 교회가 거의 동일한 사역을 진행한다. 똑같다. 단지 담임목사만 다를 뿐이다.

다름은 존재를 보장하는 것이다. 달라야 한다. 주변의 교회와 차별화해야 한다. 그 교회만의 사역, 그 목사만의 사역의 특성화를 도모해야 한다. 자신만의 목회를 하라. 자신이 가장 잘할 수 있는 사역에 집중하라. 그리고 단순화하라. 단순화는 21세기의 모든 공동체의 키워드이다. 하나님을 믿는가? 창조주 하나님을 믿는가? 그렇다면 주의 종은 마땅히 창조적인 사역을 할 수 있다. 그 지역에 맞는 바로 그 교회만의 특성으로 사역해야 한다. 주변과의 차별화, 우리 교회만의 특성화, 자신만이 구현할 수 있는 전문화로 하나님의 교회를 세워가는 담임목사여야 한다.

 # 기적은 준비된 자에게 찾아온다

2005년 봄, LA 14번 고속도로를 달려가던 사람들은 순간 깜짝 놀랐다. 차에서 내린 사람들은 한결같이 연신 도로표지판을 확인하고 내비게이션을 보며 믿을 수 없다는 표정을 지었다. 왜 그랬을까?

그들이 멈추어 섰던 장소는 LA에서 북쪽으로 5천 킬로미터 지점으로 죽음의 계곡으로 유명한 '데스밸리'(Death Valley)였다. 북미에서 가장 더운 지역으로 5월 이후부터는 타이어가 녹아버릴 정도의 폭염 때문에 출입이 금지되며, 나사(NASA)의 화성탐사선이 훈련을 진행할 정도로 황량한 곳이다. 연평균 강수량이 불과 50밀리미터에 불과해서 나무는커녕 풀 한 포기도 살아가기 버겁다.

그런데 이곳에 놀라운 일이 일어난 것이다. 버려진 죽음의 계곡이 온통 꽃과 풀로 뒤덮인 것이다.

2004년 겨울, 신도 버린 이 땅에 무려 50년 만에 기록적인 비가 내렸다. 이듬해 2005년 봄, 이 고속도로를 지나가던 사람들은 50년

만에 처음 보는 광활한 꽃밭 아래에 차를 세우지 않을 수 없었다. 사람들은 이 장관을 카메라에 담기에 여념이 없었고 생태학자들조차 이 놀라운 현상을 연구하기 위해 데스밸리로 몰려들었다.

　모두가 풀 한 포기, 곤충 한 마리 살기 힘든 땅이라고 단정해 버렸지만, 작은 씨앗들은 포기하지 않고 땅 밑에서 때가 오기를 기다렸던 것이다. 즉 데스밸리는 이미 죽은(dead) 곳이 아니라 단지 삶을 지연(delay)하고 있었을 뿐이다. 사람들은 열기가 자욱한 데스밸리의 표면만 보느라 그 안에서 숨죽이고 있던 생명의 씨앗을 보지 못했다.

데스밸리가 보여 준 기적은 바로 준비하는 자에게는 언젠가 기회가 찾아옴을 보여 주는 사실이다. 모든 것이 광속으로 변하는 시대이지만 무조건 빠른 것이 좋은 것은 아니다. 설령 더디더라도 오랫동안 갈고 닦은 내공만이 찾아온 기회를 기적으로 바꿀 수 있는 힘이 된다. 천천히 그리고 깊고 꾸준히 준비하는 자만이 기회를 갖고 기적을 창출하게 된다.

중요한 것은 자기 준비다. 멀리 보고 천천히 한 걸음 한 걸음 제대로 자기를 준비해야 한다.

무엇을 준비해야 하는가?

1. 실력을 갖춘다.

담임목사로서의 실력은 첫째, 설교이며 둘째, 리더십이고 셋째, 교회 공동체를 운영하는 경영 능력이다. 실력을 키워라.

2. 승화된 영성으로 주님 닮은 인격을 갖춘다.

담임목사는 최상의 인격체로 리더십을 발휘해야 한다. 주님을 닮은 리더, 주의 제자들은 사역의 기술을 전수 받은 것이 아니라, 주님의 사명과 그분의 인격과 영성을 배우고 익히고 자신의 삶에 녹아나게 한 것이다. 이것이 진정한 제자훈련이다. 제자훈련은 성경공부가 아니다. 말씀을 100구절 암송하거나 공과를 마치는 것에 있는 것이 아니다. 제자는 주님 닮음이 자신의 삶에 녹아 삶에서 드러나는 자이다.

3. 하나님의 사람을 세우는 법을 익힌다.

목양의 본질은 하나님의 사람들, 각 사람이 하나님으로부터 부여된 사명을 깨닫고 그 사명을 이루기 위한 준비를 하여 이 세상을 향해서는 영향력을 행사하고 하나님 나라를 위하여 자신을 드리는 데 있다. 이를 위하여 각 사람을 알고 그들을 온전하게 하는 역량을 구축해야 한다(골 1:28).

4. 철저한 자기관리로 자기 준비를 한다.

리더의 생명력은 자기관리(셀프 리더십, Self-Leadership)에 있다. 자기관리 실패로 가나안 땅을 밟지 못한 모세의 이야기, 자기관리 실패로 이스라엘의 초대 왕관을 빼앗긴 사울 왕, 성경 속에는 자기관리에 실패한 자들의 이야기도 기록되어 있다. 자기관리는 리더십의 성패를 좌우하는 중요한 자기 준비다. 자기관리는 인생의 성패를 좌우하는 강력한 도구이다.

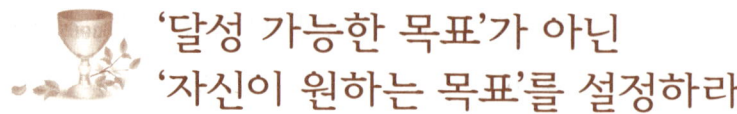'달성 가능한 목표'가 아닌 '자신이 원하는 목표'를 설정하라

　최고의 리더는 성공 가능한 목표에 머무르지 않고 자신이 원하는 목표를 설정하고 그것을 이루기 위해 총력 질주한다. 게으름은 자신이 감당할 만한 목표와 반드시 이룰 수 있는 목표만 제시하고 그것을 이루는 정도에 머물게 한다. 게으름은 '안전'이라는 허울 속에 잘 숨어 있기 때문이다. 목회는 안전한 길 위로 걷는 사역이 아니다. 예수님께서 언제 안전을 추구하며 걸으셨는가? 안전이 아니다. 오히려 고난과 고통이 기다리는 예루살렘의 길을 향하셨다. 협착한 고난의 길 위에 계셨다.

　그것이 목회자의 길이다. 안전을 추구한다면 그는 삯꾼이다. 안전한 길이 담임목사의 직위를 유지할 수 있는 길처럼 보이지만 안전을 추구하는 한 그에게는 하나님이 존재하지 않는다. 하나님 앞에서의 사역이 아니라 자신의 안녕과 사람들로부터 인정을 받기 위한 사역이기 때문이다. 실패가 두려울 수도 있다. 그러나 실패 없는 성공이 있었던가? 실패는 고통스럽다. 하지만 하나님 나라를 위해 죽음을 각오한 십자가의 길이 아니던가? 그렇다면 사역에는 실패가 있을 수 없다. 시도한 만큼 하나님 나라는 확장되어 가는 것이다. 실패를 통한 하나님의 음성을 듣고 또 반복하지 않기 위한 자기 연단의 걸음을 또 한 걸음 걸어가는 자세가 필요하다. 무엇이 그리 두려운가? 하나님께서 자신을 책임지지 않으실 것 같은가? 아니면 세상을 살아갈 많은 부담감이 짓누르는가? 누구의 눈치를 보기에 망설이는가?

이제 소극적인 자세에서 일어나 하나님 나라를 위해 적극적인 태도로 자신이 진정 원하는 것을 목표로 정하고 그 목표를 성취하기 위해 최선의 노력을 기울이자.

최고의 삶을 살기 위해서는 최고의 태도가 필요하다. 안전 추구는 자기 사랑이 아니다. 자신이 진정 원하는 것을 향하여 아낌없는 헌신을 하는 것, 그것이 진정한 자기 사랑이다.

당신이 지금 가장 하고 싶은 일은 무엇인가?

사역은 객관식이 아니라 주관식이다

나는 줄곧 사지선다형 시험제도 안에서 자라났다. 네 가지 보기 중 하나만 찍으면 되는 것이다. 답이 되는 경우의 수는 4가지뿐이었다. 거의 흑백논리 수준에서 벗어나지 못하는 사고로 답을 찾아야 했다. 오직 정답은 한 개, 그 외는 절대 답이 될 수 없다. 틀린 것이다. 정답을 찍어야 살아남았다(?).

그런데 우리의 사역도 혹여 객관식 사고로 접하고 있지는 않은지 점검할 필요가 있다. 몇 가지 범위 안에 사역을 국한시켜 결정하고 오직 1개만이 답인 것처럼 생각할 수 있다. 한국교회의 사역의 모양이 대동소이한 것은 객관식 사고의 오류 때문이 아닐까 한다. 작은 교회이든 대형 교회이든 사역의 내용이 똑같고, 그 결과는 빈익빈 부익부 현상의 초래이다. 작은 교회는 영원히 작은 교회로 존재한다. 대형교회와 경쟁할 수 없고 대형교회 숲에서 성장하기 어렵다. 교회가 할 수 있는 사역이 마치 사지선다형 답안에 갇혀 있는 것 같다.

목회 사역은 객관식이 아니라 주관식의 사역이 되어야 한다. 자기의 주관과 지식, 영성, 사회를 읽는 통찰력이 주관식 문제를 푸는 것처럼 자유롭게 논지될 수 있어야 한다. 하나님이 주신 지혜와 계시의 정신으로 자신만의 고유한 사역의 색깔을 제시하는 것이다. 모두가 똑같이 '1번이 답이다'라고 하는 사역이 아니라, 그 교회만의 그 담임목사만의 고유한 사역 말이다.

하나님은 각각을 부르시고 각자에게 사명을 주셨다. 그런데 오늘날은 각자의 주관과 은사대로 펼쳐진 사역을 오답으로 규정하고 판단하는 현실 같다. 모든 교회가 사역을 복사하듯 똑같은 사역을 진행한다면, 차라리 어설프게 사역을 진행하기보다 탁월하게 감당하고 있는 교회에 자신이 섬기는 교회를 드려, 그 목회자의 리더십을 따라 하나님의 일을 도모하는 것이 바람직하고 현명한 것이 아닐까?

미국 코넬 대학교 심리학 연구팀은 올림픽 당시의 방송화면을 통해 은메달리스트 23명과 동메달리스트 18명의 표정을 분석했다. 메달이 결정되는 순간 그들의 표정이 다름을 발견하게 되었다. 동메달리스트의 행복 점수는 10점 만점에 7.1점으로 환희에 가까웠지만 은메달리스트는 행복 점수가 고작 4.8점으로 평가되었다. 성취 결과로 볼 때 은메달이 동메달보다 더 높은 점수를 받긴 했지만 행복점수는 은메달보다 동메달이 더 높은 점수를 받은 것이다.

연구팀은 나아가 메달리스트들과 인터뷰를 하였고, 그 결과 동메달리스트들은 "적어도 이것만큼은 이루었다"라는 만족감이 더 많이 표출되었고, 은메달리스트들은 "거의 이길 뻔했는데…" 하는 아쉬움이 더 크다는 것을 알게 되었다. 아깝게 놓친 금메달로 인해 은메달에 만족하지 못한 반면, 동메달리스트는 동메달이라도 딴 것에 대한 감격을 갖는 것이다.

담임목사는 금메달 신드롬에 빠져서는 안 된다. 목회는 1, 2, 3등이 없다. 목회가 어찌 등수인가? 목회의 성공은 교인들의 숫자와 교회 건물의 크기와 무관하다. 사명을 완성하는 것이 성공적인 목회다. 아프리카 가나 오지로 떠난 선교사가 10년간의 선교활동을 했음에도 불구하고 단 1명밖에 그리스도인을 세우지 못했다면 그 선교사는 실패한 선교사라 할 수 있는가? 더 이상 하나님의 사역을 수치로 평가하지 말자. 주눅 들지도 말자. 사명자의 성실함으로 가늠해야 한다. 사역의 1등 신드롬으로부터 자유해야 한다.

인생과 사역에는 오직 한 가지만의 답이 있는 것이 아니다. 특별히 사역에는 정답이 없다. 하나님을 기쁘게, 오직 하나님의 영광만을 위해 각기 다른 은사와 재능에 따라 사역에 임하는 것이면 족하다. 속도만 높이려고 혈안이 되어 있는 목회자상을 벗고 자신을 향하신 하나님의 뜻을 분별하여 그 길을 걷는 사명자가 되길 바란다.

인생과 사역은 절대적으로 주관식이다. 객관식이 아니다. 자신과 교회를 연구하라. 지금은 R&D(Research & Development)의 시대이다. 자신만의 사역에 대한 연구 없이 정답이라고 하는 보편적인 사역 프로그램 몇 개를 놓고 선택하는 어리석음에서 벗어나라. 자신이 서술하고 있는 사역만이 하나님 앞에서 정답이다.

사 명

주님이 홀로 가신 그 길 나도 따라가오
모든 물과 피를 흘리신 그 길을 나도 가오
험한 산도 나는 괜찮소 바다 끝이라도 나는 괜찮소
죽어 가는 저들을 위해 나를 버리길 바라오
아버지 나를 보내주오 나는 달려가겠소
목숨도 아끼지 않겠소
나를 보내주오

험한 산도 나는 괜찮소 바다 끝이라도 나는 괜찮소
죽어 가는 저들을 위해 나를 버리길 바라오

세상이 나를 미워해도 나는 사랑하겠소
세상을 구원한 십자가 나도 따라가오
생명을 버리면서까지 나를 사랑한 당신
이 작은 나를 받아 주오
나도 사랑하오

# 생의 가장 위대한 사역: 멘토링

유럽에서 제1차 세계대전에 참전해 부상을 당했다가 회복기에 접어든 한 청년이 1919년 시카고에 있는 작은 아파트 하나를 빌렸다. 그가 그 집을 고른 것은 근처에 유명한 셔우드 앤더슨(Sherwood Anderson)의 집이 있었기 때문이다. 앤더슨은 널리 격찬을 받은 소설 《와인즈버그, 오하이오》(Winserburg, Ohoi)를 집필했으며 젊은 작가들을 잘 돕는다는 소문이 널리 펴져 있었다.

그 두 사람은 금방 가까워졌으며 2년 동안 거의 매일 함께 시간을 보냈다. 그들은 함께 식사를 하고 멀리 산보도 나갔으며 글쓰는 기교에 대해서 밤늦게까지 토론을 벌이기도 했다. 젊은이는 자기의 습작들을 종종 앤더슨에게 가져갔으며, 그 노련한 작가는 잔인할 정도로 솔직한 비평을 가했다. 그러나 그 젊은 작가는 결코 낙심하지 않았다. 매번 그는 경청하면서 조심스럽게 노트에 메모해 갔으며, 그런 다음 원고를 향상시키기 위해 타자기와 함께 살다시피 했다. 그는 자기 자신을 방어하려 하지 않았다. 그는 후에 이렇게 말했다. "나는 셔도우 앤더슨을 만날 때까지는 어떻게 글을 쓰는지조차 몰랐다."

자기와 함께 지내며 문하생이 되었던 청년에게 앤더슨이 해준 가장 유익한 일들 중 하나는, 자신이 친분을 맺고 있던 출판사 관계자들에게 그를 소개해 준 것이었다. 곧 그 젊은이는 자신의 작품을 쓰기 시작했다. 1926년 그는 그의 첫 번째 소설을 출판했다. 소설의 제목은 《태양은 역시 떠오른다》(The Sun Also Rises)였으며, 그 저자의 이름은 어니스트 헤밍웨이였다. 그러나 잠깐! 이야기는 여기서 끝나지 않는다.

헤밍웨이가 시카고를 떠난 후 앤더슨은 뉴올리언스로 이사했다. 거기서 그는 또 다른 젊은 문장가를 만났는데, 그는 글 솜씨를 향상시키려고 지치지 않는 열성을 보이던 시인이었다. 앤더슨은 그가 헤밍웨이에게 시켰던 똑같은 훈련, 즉 글을 쓰고 그것을 비평하고 토론하며 격려하는 것, 그리고 더 많은 글쓰기를 시켰다. 그는 그 젊은이에게 자기의 소설을 주면서 단어들과 주제, 그리고 인물이나 이야기의 전개에 주의를 기울이며 주의 깊게 읽도록 격려했다. 앤더슨의 도움으로 그 청년은 1년 후에 자신의 첫 작품 《군인들이 지불한다》(Soldiers Pay)를 출판하게 된다. 3년 후 이 유망한 새 작가 윌리엄 포크너는 《함성과 격분》(The Sound and The Fury)을 출간했으며, 그것은 미국의 명작으로 남았다.

셔우드 앤더슨

열망을 품고 있는 작가들에게 멘토(Mentor)로서 도움을 준 앤더슨의 역할은 여기에서 멈추지 않았다. 캘리포니아에서 그는 수 년 동안 여러 작가들 중에서도 극작가 토마스 울프와 존 스타인벡이라는 젊은이와 함께 작품 활동을 했다. 앤더슨의 문하생 중 세 명이 노벨 문학상을, 네 명이 퓰리처 문학상을 탔다. 유명한 문학 평론가 말콘 카울리(Malcolm Cowley)는 앤더슨을 평하기를 "다음 세대의 문체와 비전에 자신의 자취를 남긴 그 세대의 유일한 작가"라고 했다.

무엇이 앤더슨으로 하여금 자기의 시간을 그렇게 후하게 들여 전문적으로 젊은 사람들을 돕게 했을까? 그 자신이 경륜 있는 위대한 작가 테오도르 드라이저(Theodore Dreiser)의 영향 아래 습작을 했다는 것이 아마도 한 이유가 될 것이다. 그는 또한 칼 샌드버그(Carl Sandburg)와도 상당한 시간을 보

냈다.[2]

이 스토리는 나 자신을 돌아보게 했으며, 사역의 근본이 되는 원리를 주장했던 나의 논리에 힘을 실어 주었다. 사역의 근본 원리, 그것은 다른 사람의 삶에 영향을 끼치는 것이다. 나는 이 과정을 멘토링(Mentoring)이라고 부른다. 멘토링은 담임목사의 중요한 사역이며 본질적인 사역이다. 다른 사람에게 영적인 멘토가 되어야 하고 또한 자신도 영적인 멘토를 두어야 한다.

사실 나 자신이 마음 중심에 의미 없는 인생을 살고 있던 어느 날 멘토가 찾아왔다. 최전방 GOP의 소대장으로 근무할 때 심방을 오신 군종목사님이다. 그분과의 만남을 통해 인간의 실존에 대해 눈을 뜨게 되었고, 원리만 말하던 내 입에서 인생의 가치와 의미라는 단어를 더듬거리며 말하기 시작했다. 삶이 무엇인지 숙고하며 어떤 인간이 되어야 하는가를 찾아가도록 이끌어 주셨다.
그날의 섭리적인 멘토와의 만남이 없었더라면 나의 삶은 어찌 되었을까? 인생의 전환기(Turning Point)에서 가장 중요한 만남은 멘토와의 만남이다. 멘토는 나의 삶의 정체성을 갖게 하고 바른 인생관을 회복하도록 돕는 전환기의 축복이었다. 우리 모두는 멘토가 필요하며 서로에게 멘토가 되어야 한다. 멘토링을 통해 우리는 상호 자라게 된다. 멘티를 돕는 멘토나 도움을 받는 멘티 둘 다 함께

---

2) 워드 핸드릭스, 《사람을 세우는 사람》, 디모데, p.117-119.

자라간다.

　연구소 사역을 하면서 멘토와의 만남을 갈급해 하는 많은 목회자들을 만난다. 그리하여 《영적 멘토링의 기술》이라는 졸저를 내놓기도 했다. 멘토링의 관계 속에 있는 행복을 누려 보자. 담임목사는 누군가의 멘토여야 하고 또한 누군가의 멘티여야 한다. 우리는 자신의 삶을 피드백해 줄 수 있는 멘토링의 관계를 통해 끊임없이 성숙하게 된다.

 ## 왜 목회자에게 창의성이 필요한가?

어떤 상황과 환경 가운데 있다 할지라도 문제를 해결하고 전략을 짜고 새로운 과제 수행과 실천방안을 마련하기 위해서 창의성은 반드시 필요하다. 창의성과 통찰력은 개인뿐 아니라 공동체에 너무도 중요한 요소이다.

우리 사역과 삶에 창의성이 필요한 이유를 몇 가지 살펴본다.

- 영적으로 교인들에게 도전을 주기 위해
- 공동체의 혁신을 위해
- 자신만의 색깔과 비전을 이루기 위해
- 지속적인 자기 동기부여를 위해
- 자신뿐 아니라 공동체에 의미 있는 삶과 역사를 만들기 위해
- 교인들이 그들만의 장점을 깨닫고 더 나은 삶을 살아가도록 인도하기 위해
- 의미 있고 가치 있는 삶이 되도록 도와주기 위해

창의성을 깨우기 위해서는 지능이 뛰어날 필요도 없고 아이비리그와 같은 명문대학 학위가 있어야 하는 것도 아니다. 새로운 경험, 새로운 학습을 지속적으로 시도만 해도 가능하다.

익숙한 것들을 새롭게 바라본다.

인도의 자동차 회사인 타타 그룹(Tata Group)의 회장인 타타는 일상을 유심히 관찰해서 혁신적인 아이디어를 찾아낸 기업가의 좋은 예가 된다. 그가 자란 인도는 스쿠터가 수백만 가정의 중요한 교통수단으로 애용되고 있다. 스쿠터 한 대에 많은 가족들이 끼어 앉아 가는 것은 인도 거리의 흔한 광경이다. 그러나 타타는 어느 비 오는 날 뭄바이에서 보게 된 그 흔한 광경에서 새로운 시도를 결심하게 된다. 그것은 '세상에서 가장 저렴한 차'를 만들겠다는 각오였다. 그 계기는 퇴근 중 보게 된 어느 가족으로부터 시작되었다.

한 남자가 스쿠터를 몰고 가는데 그의 큰아이는 핸들 바로 뒤에 서 있고, 남자의 옆에는 둘째를 무릎에 올려놓은 그의 아내가 타고 있었다. 4명의 가족 모두 굵게 내리는 장대비를 맞아 흠뻑 젖은 채로 머리를 감싸 쥐고 어디론가 향하고 있었다. 타타는 그 가족을 보고 생각했다. '이 가족이 싼 값으로 살 수 있는 자동차가 있다면 저렇게 비를 쫄딱 맞지 않아도 될 텐데….'

이 경험은 그가 '대중의 차'를 만들 다양한 방법을 궁리하게 했다. 중하층 계층의 사람들도 소유할 수 있는 그런 자동차여만 했다. 타타는 엔지니어 몇 명을 불러들였다. 그리고 수년간 여러 자동차 모델을 만들며 실험했다. 그렇게 해서 세상에서 가장 값싼 차인 '나노(Nano)'가 탄생됐다. 나노는 2009년, 2천2백 달러라는 저렴한 가격에 출시되었다. 그리고 놀라운 성공을 거두었다. 출시 후 몇 개월 되지 않아 20만 달러의 주문이 쏟아질 정도였다. 나노는 2010년, 올해의 인도차로 뽑히기도 했다. 나노의 성공은 일반적인 평범한 사람들에게 가장 필요한 것이 무엇이며, 그것을 가능하도록 하는 것이 무엇인지를 관찰한 결과였다.

모든 삶의 영역을 호기심의 눈으로 그리고 적극적인 열정으로 관찰해야 한다. 매주 보는 교인들의 얼굴이라도 그들을 주의 깊게 바라보고 적극적으로 그들의 욕구와 필요를 살펴야 하는 것이다. 52주의 동일한 패턴의 사역일지라도 항상 초심의 마음으로 교인들의 변화를 민감하게 관찰하면 창의성이 자라날 것이다.

창조력은 '어떻게'를 넘어 '무엇'을 갈구한다.

창조적인 사역이 되기 위해서 담임목사는 항상 끊임없는 질문을 던져야 한다. '어떻게'의 질문은 오히려 문제 해결에 도움이 안 될 수 있다. 이미 알고 있는 사실을 토대로 방안을 찾는 것이기 때문이다. 문제에 대한 바람직한 접근은 '무엇인가'의 질문이다. '우리 교회의 방향성은 무엇인가'를 찾고 이루기 위한 방법 찾기가 '어떻게'이기 때문이다.

    '지금 가장 힘든 것은 무엇인가?'
    '사역의 우선순위는 무엇인가?'
    '인간관계에서 가장 부족한 것이 무엇인가?'

창의력은 어디에서 오는가?

무엇보다 배우고자 하는 태도에서 창의력은 꿈틀거리고 생각의 실타래를 풀기 시작한다. 'In Put'이 되어야 'Out Put'이 되는 것처럼 말이다. 학습자는 실패하지 않는다. 고정된 시각을 벗어나게 한다. 새로운 관점에서 삶과 사역을 바라보게 한다. 배움의 자세 없이 성숙은 없다. 배움의 자리와 기회를 놓칠 때 우리는 교만의 길로 나아가게 된다.

평생학습자로 살아야 한다. 겸허함에서 길들여지는 온유함이 자리해야 한다. 담임목사는 배우는 자다. 담임목사는 익숙한 것으로부터 지속적으로 떠나는 영적인 리더이다. 새로움을 추구하며 더 나은 사역을 이루기 위해 배움으로 혁신하는 자기 혁신가이다. 지속적인 자기 혁신이 창의력을 이끈다.

욕구 피라미드로 목회 방향을 결정한다

인간의 기본적인 욕구를 분석한 에이브러햄 매슬로(Abraham-Maslow)의 욕구 피라미드는 인간 본성이 갖는 가장 기본을 정리한 최상의 도구라고 생각한다. 나는 이 욕구 피라미드를 컨설팅의 중요한 정책방향의 도구로 삼고 활용하고 있다.

〈에이브러햄 매슬로의 욕구 피라미드〉

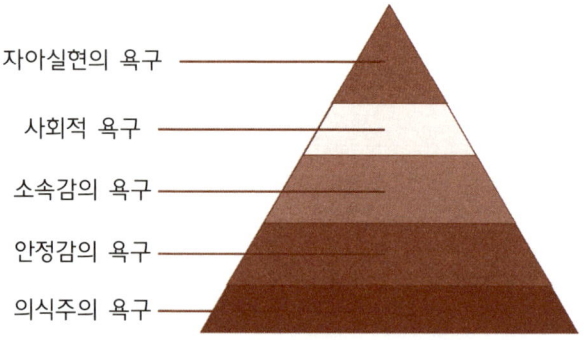

위의 피라미드가 어떻게 목회의 방향을 결정하는 도구가 될 수 있을까? 팁을 소개한다. 먼저, 전도 대상이 되는 지역민들의 일반적인 욕구를 분석한다. 시청 혹은 구청의 통계조사 자료를 찾아 일반적인 데이터를 펼친다. 전도대상 지역의 연령분포도, 남녀성비, 가족구성비, 학교와 학력 수준 분석표, 거주 형태 등의 자료로 분석하고 종합하면 각 욕구 단계의 비율을 정할 수 있을 것이다.

예를 들어, 조사 지역민이 아래와 같은 비율로 욕구 피라미드를 구성한다고 가정해 보자.

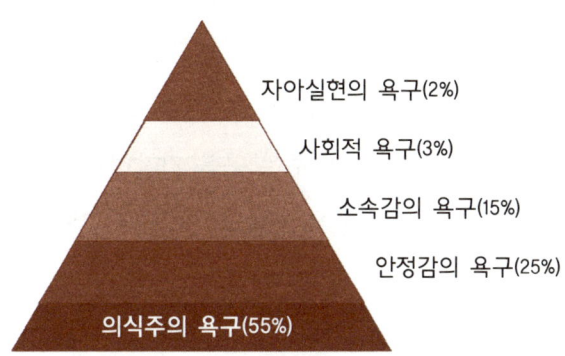

위의 분석된 데이터만으로도 사역의 초점을 잡을 수 있고 교회의 프로그램을 정할 수 있다. 이 지역은 의식주의 욕구가 강한 곳이다. 그렇다면 우선, 삶의 현장을 실제로 둘러보고 의식주의 욕구를 갖고 있는 전도 대상자는 어떤 가치를 갖고 있으며 무엇을 가장 원하는지 알아본다. 그리고 그들에게 접근할 수 있는 도구를 찾는다.

전도 대상 지역민이 의식주의 욕구가 강하다면 제자훈련, 성경

공부와 같은 지적인 욕구를 만족시킬 수 있는 사역은 잠시 유보해야 할 것이다. 예배를 통해 힘과 용기를 북돋아 주고 기쁨과 감사를 통한 영성의 회복이 사역의 중요한 초점이 되어야 한다.

만약, 당신의 사역지가 안정감의 욕구를 가진 지역이라면 그들의 삶에 가치를 심고, 그 가치에 따라 삶을 향상시킬 수 있는 사역 프로그램이 개발되어야 한다.

분당이나 일산과 같은 지역에서는 어떤 사역이 가능할까? 이곳은 소속감의 욕구와 자아실현의 욕구가 강한 곳이다. 자기가 다니는 교회를 곧 자기의 위상으로 생각하는 경향이 높다. 그러기에 소문난 교회를 찾고, 자기를 드러낼 수 있는 교회를 선호한다. 신도시에서 유명한 목회자들에게 쏠림 현상이 생기는 이유 또한 이와 같이 자신의 기본적인 욕구를 충족시켜 주는 곳을 지향하기 때문이다.

이렇듯, 인간이 기본적인 욕구를 충족하고픈 것을 어찌 막을 수 있겠는가?

 하이엔드(High-end)와 로엔드(Low-end)

시장 마케팅의 전략 용어 중 하이엔드(Hign-end)라는 것이 있다. 비슷한 기능을 가진 제품군 중에서 기능이 가장 뛰어나거나 가격이 비싼 제품을 의미하지만 전략적 마케팅에서는 대체 불가능한 상품을 만들어 브랜드 전략을 수행한다는 동적인 개념으로 통용된다.

그렇다. 미래교회는 '하이엔드 교회'가 되어야 한다. 그 지역에 하나뿐인 바로 그 교회가 되게 하는 것이 하이엔드형 교회가 되는 것이다. 이 교회, 저 교회 동일한 사역을 펼치는 그런 교회가 아닌 유일한 교회, 독특한 교회가 되어야 한다. 어떤 교회를 따라가는 것이 아니라 나만의 목회, 우리 교회만의 브랜드를 가지고 교회 사역을 수행해야 한다. 성경적 원칙을 지키며 자신만의 가치를 추구하며 그 교회만의 특성을 관리하고 교회사역의 브랜드화를 이루어 가는 그런 하이엔드형 교회로 나아가야 한다.

20세기 대표적 사상가인 이사야 벌린(Isaiah Berlin)은 인간을 여

우와 고슴도치로 분류했다. 고슴도치와 여우가 싸우면 과연 누가 이길까? 일반적인 생각은 교활하고 꾀 많기로 유명한 여우가 이길 것 같지만 승자는 늘 고슴도치이다. 여우는 자신의 영리함을 바탕으로 여러 가지 방법을 운영하며 고민할 때 고슴도치는 자신의 유일한 무기인 가시로만 승부를 걸기 때문이다. 벌린은 "복잡한 세상을 단 하나의 체계적인 개념이나 기본원리로 단순화하는 고슴도치형 인간이 큰일을 이룬다"고 하였다.

고슴도치는 남에게 의지하지 않고 오직 스스로의 힘으로, 단순한 목표에 집중함으로써 우직하게 난관을 뚫고 나간다. 창조주이신 하나님의 사역을 감당하는 사역자들에게 필요한 것이 바로 이러한 자세와 태도이다. 오직 자신에게만 부여된 강점과 구비로 자신만의 사역 색깔을 만들어 그것을 사역화하고 동력화하여 하나님의 가치실현을 이루어가야 한다.

이제는 유명한 교회를 답습하려고 하는 어리석은 자가 되지 말고 이런저런 목회를 구현하면서 세월을 흘려보내지 말고 우직할 만큼 자신에게 부여된 강점과 재능을 잘 관리하고 동력을 걸어 자신만의 사역 브랜드를 이루어 가자. 다른 이가 할 수 없는 자기만의 가치를 지닌 담임목사를 꿈꾸자.

 # CLO 목회자가 되라

CLO는 Chief **Listen** Office의 첫 글자이다. CLO의 유래는 자신이 세운 회사인 애플에서 쫓겨난 후 13년 만에 귀환하면서 자신을 'CLO'라고 불러달라고 한 스티브 잡스가 한 말이다. 스스로 CLO라 한 것은 자신이 최고의 **'경청자'**로 돌아왔다는 것을 강조하기 위함이었다.

애플로 돌아온 그는 새로운 콘셉트의 MP3 플레이어인 아이팟(iPod)을 개발한다. 하지만 아이팟을 개발할 때 그의 자세는 과거 매킨토시를 개발할 때와는 전혀 다른 태도를 취했다. 과거에는 다른 경영진들의 의견을 무시한 채 자신의 독선적인 의견, 즉 모든 것을 애플 내부의 기술에 의존한 NIH(Not Invented Here) 방식을 고집했다. NIH란 모든 기술개발은 우리(here)가 한다는 의미로서 다른 사람들의 역량이나 외부협력을 받지 않는 방식을 말하는데, 당시에 스티브 잡스의 자만과 아집을 잘 보여 주는 방식이라 할 수 있다.

그러나 스티브 잡스는 복귀하면서 전혀 다른 리더십을 보여주었다. 종전의 NIH 방식을 버리고 적극적으로 외부와의 협력을 꾀한 것이다. 그리고 세계 최고의 엔지니어들을 영입하였고, 기꺼이 그들과 협력하여 함께 경영을 이끌었다. 이것이 CLO 리더십이다.

담임목사는 CLO이다. CLO여야 한다. 독선적 리더십이나 권위적 리더십으로 교회를 이끄는 것이 아니라 경청함으로, 동역하는 리더십으로 전환이 되어야 한다. 스티브 잡스는 독선과 아집의 독불장군의 리더십으로 기업을 위기상황까지 몰고 갔던 리더였다. 그의 반전의 역사, 인생 역전의 출발은 경청의 리더십, 즉 CLO 리더십이었다.

리더십의 변화는 목회의 근본을 바꾼다. 우리의 목회 리더십을 CLO로 바꾸라. 교인들로부터 듣고, 동역자들로부터 듣고, 하나님으로부터 듣고, 앞선 이들로부터 듣고, 주변의 모든 이들로부터 듣고, 또 듣는 경청의 대가로 리더십을 세워야 한다.

CLO 리더십으로 목회를 구현하라. 경청은 상대에 대한 신뢰이며 존중의 표시이다. 목회는 존중을 받기보다 타인을 존중하는 자여야 한다. 부교역자는 어떤 의미에서는 부하직원이 아니라 사역의 동역자(partner)들이다. 그리고 교회의 평신도 리더 역시 담임목사의 동역자들이다. 동역은 존중의 자세와 태도 없이는 불가능하다.

경청한다는 것은 타인의 인격과 성품, 그리고 그의 기술과 능력을 존중하는 것을 의미한다. 하나님과 함께 그리고 동역자들과 함께하는 목회 사역이 되도록 자신을 겸비하게 하고 수용해야 한다. 겸손 없이는 존중의 문화를 가질 수 없다. 존중의 문화를 가지는 담임목사여야 한다. 존중의 자세로 사역에 임하고 교회에 리더십을 발휘할 때 탁월한 동역자들을 얻고 교회사역의 창의성을 도모하게 될 것이다.

하나님의 교회는 혼자만의 독주나 권위주의적인 리더십으로 이끌 수 없고, 그렇게 이끌어서도 안 된다. 우리는 동역자들이다. 역할이 다를 뿐이다.

 # 무엇을 위한 사역인가?

　자기존중, 자기 목회 존중 그리고 자기 신뢰, 하나님이 맡기신 자신의 사역을 신뢰하며 헌신하는 담임목사, 사역과 자신이 하나 된 삶을 사는 담임목사가 그립다. 이러한 삶을 사는 영적 지도자를 만나면 너무도 기쁘고 저절로 고개가 숙여진다.

　세계적인 조사기관 갤럽(Gallup)에서 155개국을 상대로 '행복하기 위해서 무엇이 가장 중요한가?'를 조사한 설문조사 결과를 발표했다. 행복을 위해 중요한 것은 돈과 건강이 아니었다. 사랑과 자유 그리고 평화도 아니었다. 놀랍게도 '좋은 일'이었다.
　심리학자인 프로이드가 사람다움의 가장 의미 있는 중요한 두 가지 기반은 사랑과 일이라고 했는데, 일(사역)은 우리 사역자들에게도 가장 의미 있는 영역이다. 돈보다 명예보다 내가 하나님의 일을 한다는 것만으로 족한 마음이다. 자족의 비결은 여기에 있는 것이다. 하나님의 일을 하는 것만으로도 감사하고 족한 마음이다. 그 마음이 나로 하여금 사역하게 하는 것이다. 교회의 규모와 크기에 연연하지 않고 자신의 사역을 존중하며, 선배와 영적 멘토들의 스토리에 귀를 기울이고, 그의 가르침을 실행에 옮기고자 노력하고, 하나님이 부여해 주신 사역의 터전을 위하여 자신을 드리는 아름다움으로 사역자를 사역자답게 하는 것이 담임목사의 행복이다.

사역에 임하는 사역자들을 3단계로 구분한다면, 첫째는, 사역을 일로 여기는 목회자이다. 그들은 정신적이든 육체적이든 영적이든 수고한 만큼 사례를 받는 것에 족하고 그만큼만 자기 헌신을 하는 삯꾼이다. 둘째는, 커리어를 추구하는 목회자이다. 돈보다는 자신의 명예와 커리어를 위하여 부단히 경륜을 쌓아가는 목회자들이다. 셋째는, 사명감으로 하루하루를 성실하게 사역에 임하는 사명자들이다. 어느 곳, 어느 규모에 아랑곳하지 않고 하나님의 일이기에 자신을 헌신하는 영적인 목회자이다.

영적인 지도자는, 담임목사는 결코 보수나 자신의 커리어에 관심을 두지 않는다. 하나님 앞에 정직히 서고자 하고 자기성찰과 자기개발을 쉬지 않는다. 하나님의 사람들을 위한 자기 존재감, 즉 목자의 역할을 수행하는 데 유일한 관심을 쏟는다. 하나님과 사람을 사랑한다. 그 사랑을 위하여 자기 목숨도 버리는 그런 지도자이다. 양들을 위하여 목자가 필요하지 목자를 위하여 양들이 있는 것이 아니다.

이제 새로워야 한다. 교회를 발판으로 자신의 꿈을 펼치는 지도자가 아니라, 하나님과 하나님의 사람들을 위하여 자기를 불태우는 영적인 사람이어야 한다. 이것이 우선이다. 이 외의 그 어떤 것도 추가되거나 목적이 될 수 없고 정당화될 수 없다.

자기를 동기부여하고 자신만의 목회 색깔로 하나님의 사람들을 온전하게 세우며 헌신하는 아름다운 생의 최고 가치를 위해 살아가는 담임목사이면 한다. 한 영혼을 위하여 나를 헌신할 수 있는 담임목사로 하나님 앞에 부끄럼 없는 사역자가 되었으면 한다. 지나치지 않고 과욕을 부리지 않고 남을 멸시하지 않고 비난하지도 않고 나를 향하신 하나님의 뜻과 사명만을 생각하며 한걸음 한걸음 걸어가는 담임목사여야 한다.

'무엇을 위하여 사역하는가?'란 본질적인 질문 앞에 날마다 서 본다.

# 인생의 사이클을 읽어야 한다

우리의 인생은 미리 정할 수 있거나 그리는 대로 맞이하는 것이 아니다. 순풍을 달고 인생의 항해를 떠나고 싶지만 녹록지 않은 것이 바로 인생이다. 태풍으로 뒤집힐 수도 있고 예기치 않은 상황으로 계획되지 않은 곳에 정박해야 할 때도 있다. 목전에 도무지 무엇이 있는지 알 수 없는 것이 인생이다.

그러나 많은 지도자들의 걸음을 좇아 살펴보면, 대략 다음과 같은 사이클로 인생의 궤도를 걸어간 것 같다. 이 사이클을 보면 지금 자신이 어디쯤 서 있는지 알게 하고 내공 쌓는 시점을 알게 한다. 나는 지금 지도자들이 걷고 있는 사이클 중 어디쯤 있는지, 거기서 난 무엇을 할 수 있는지 고찰할 수 있다. 내일을 확답할 수 없지만, 과거의 나와 지금의 내 모습은 알 수 있기 때문이다.

전성기 → 침체기 → 공백기 → 전환기 → 재기

전성기가 있으면 반드시 침체기가 온다. 커리어에는 공백기가 있고 생의 전환기를 맞이하기도 한다. 핵심은 침체기와 공백기를 어떻게 전환기로 만드느냐에 따른다. 재기의 가능성이 커지기 때문이다.

화려한 전성기를 일찍 꽃피운 사람일수록 침체기와 공백기를 상대적으로 견디기 어려워한다. 자신의 화려한 전성기가 영원히 지속될 것으로 생각하곤 침체기를 대비하지 않았기 때문이고 그 침체기를 견디지 못해 급기야 극단적인 선택까지 치닫는 경우가 있다.

자신을 아는 방법 중 하나는 바로 인생의 사이클을 읽는 것이다. 침체기를 벗어나기 위해 자신을 낮추고 앞서 걸은 지도자들과의 교제를 통해 자기극복의 길을 찾아가는 지혜를 배워야 한다. 공백은 불가피하게 찾아오는 지도자의 사이클이다. 공백기는 전환기의 기회를 맞이하게 하는 공간이다. 이 공간을 읽고 공간을 활용하는 기술이 필요하다. 내공은 이 시기에 갖추게 된다.

리더에게 전환기는 재기의 발판이다. 전환기로 들어가는 결정적인 단초는 필연적이며 섭리적인 만남을 통해서이다. 인맥의 중요성은 인생의 전환기를 갖게 하는 핵심이 되기 때문이다. 전환기의 자기 준비와 기회를 읽어 재기에 성공하게 된다.

요체는 지금 자신이 인생의 사이클 중 어느 부분을 돌고 있는지를 아는 것이다. 낙망하거나 좌절하지 말라. 단지 인생의 사이클을 돌고 있을 뿐이다. 그리고 그 다음을 준비하라. 유비무환(有備無患)

이라고 한다. 자신에게 다가올 인생 사이클을 준비하는 것이다. 지도자는 자신뿐 아니라 또 다른 리더들의 인생 사이클을 읽고 도와줄 수 있어야 한다.

 명확한 목표를 설정하고 공유하라

목표관리는 경영의 중요한 영역이다. 목표설정은 리더십의 기본 원리이며 교인들을 한 방향으로 이끈다. 명확한 목표제시와 적절한 피드백은 교인들에게 존재의 의미를 갖게 하며, 교회를 위해 무엇을 해야 하는지 자발적인 참여, 적극적인 참여를 가능하게 한다. 곧, 공동체의 하나 됨을 이뤄갈 수 있다.

교회가 하나 되지 못하는 원인은 목표가 불명확하고 그 목표가 현실 불가능한 허구, 허수로 느껴지기 때문이다. 목표가 공감되기 위해서는 먼저 목표가 구체적이고 명확하게 서술되어야 한다. 또한 그 목표는 측정 가능해야 한다. 다양한 채널을 통해 충분히 공유가 된 목표는 실행이 될 수 있도록 목표를 관리한다. 목표관리는 1년, 한 달, 한 주, 그리고 하루의 시간들(역순)의 범위 내에서 세분화하고 목표설정→실행→평가→개선의 네 가지 과정을 규칙적으로 거치는 것이다.

담임목사는 교회 공동체를 경영하는 책임자이다. 그러기에 목회자의 사역과 삶이 먼저 경영되어야 한다. 매일 목표를 관리해야 한다. 중요한 의식처럼 하루 활동이나 일주일의 활동을 종이에 적고 아주 구체적으로 관리하는 습관이 중요하다. 이를테면 연간 목표, 분기별 목표, 한 달 목표, 일주일 목표들이 반드시 정리되어 있어야 한다. 그것을 항상 소지하여 규모 있고 질서 있는 사역자의 면모를 보여 주는 것이 많은 사람들에게 본이 될 것이다.

브라이언 트레이시는 "매일 목표를 다시 적으면 잠재의식에 더 깊이 각인되기 때문에 정신력을 십분 발휘하고, 목표를 성취하는 과정에 집중함으로써 대단한 효과를 거두게 된다"라고 하였다.

소통과 공감을 강화하기 위해 목표와 관련된 숫자나 문장을 시각적으로 드러내는 것도 좋은 방법이다. 물론, 목표 달성을 이뤄내지 못했을 때, 리더십에 손상이 되거나 어려움을 겪을 수 있다는 것 때문에 목표 중심의 사역을 회피하기도 하는데, 그것은 스스로 도태되는 소극적인 리더십의 자세이다.

담임목사의 사역은 자신의 일이 아니다. 먼저는 하나님을 위한 것이고, 그다음은 교회를 위한 것이며, 그다음은 하나님의 사람을 위한 사역이므로 좀더 담대해질 필요가 있다. 오히려 비전 없고 목표 없는 목회자에 대한 도전이 훨씬 크고 강하다. 미래는 주어지는 것이 아니라 만들어지는 것이다. 성장을 향한 숫자를 목표에 두라는 것이 아니다. 교인 숫자를 늘리는 것만이 목표가 아니다.

영성관리를 위해 전 교인의 80%가 아침 경건의 시간 갖기, 하루에 10분 중보기도하기, 주일 예배 95% 참석하기, 주중 소그룹 모임 출석교인의 85% 참석하기, 올해 전 교인들의 제자훈련 참여 30% 등등이 있다.

'교인들에게 꿈과 비전을 심어라.' 그리고 그것을 가시화하기 위한 목표설정을 하고 끊임없는 공감을 이루어가는 것이 목회다.

 ## 힘들어도 한 걸음만 더 걷자

　나는 노력하고 최선을 다한다는 말이 좋다. 진정 부끄럽지 않게 사역에 최선을 다하는 모습은 가장 귀한 리더의 모습일 것이다. 성공은 마지막 결실이다. 지금 보이는 것이 전부가 아니다. 과정으로만 평가할 수 있는 것도 아니다. 성공으로 가는 과정에서 부딪치는 수많은 실패의 쓰라림을 극복하고 마지막 결실을 위해 쏟아부은 노력의 합계로 평가되어야 한다.

　성공에는 운이 따르지 않는다. 단지 노력이라는 것이 보이지 않기 때문에, 남모르게 흘린 노력의 땀방울이 보이지 않기 때문에 그렇게 말할지 모르겠다. 이면의 노력을 보지 않고 결과만 보며 운이 좋았다고 하지 말자. 진부한 표현이지만 노력은 성공의 열쇠이다. 이것이 진리이다.

　지금보다 한 걸음만 더 걷자. 멈춤 없이 또 한 걸음, 한 발자국을 딛도록 하자. 물은 99도에서 절대 끓지 않는다. 1도 더 상승해야만 펄펄 끓는다. 99도에서 멈춘다면 끓는 물은 보지 못한 채 수증기가 되어 공중으로 날려버릴 뿐이다. 불과 1도 차이로 그 결과는 완전히 달라진다.

같은 시기에 사역을 시작하고 같은 뜨거움으로 달려갔지만, 어느 목회자는 원하는 목표에 도달해 변화되고 달라진 환경을 맞이한다. 하지만 어떤 목회자는 그 자리에 멈춰 선 것처럼 오히려 꿈과 열정을 잃어가고 있다. 두 사람의 차이는 아주 미세하다. 1도이다. 노력과 인내라는 미세한 차이, 두 손을 다시 불끈 쥘 수 있을 만큼의 힘이다.

한국이 낳은 세계적인 발레리나 강수진, 그녀의 발은 나무뿌리와 같이 언뜻 보면 희귀병을 앓고 있는 사람의 발처럼 보인다. 말끔한 곳이 없이 발가락 마디마디가 불쑥 튀어나와 있다. 그녀의 발이 이렇게 된 것은 엄청난 연습의 결과이다. 그녀는 공연이 있을 때는 아침 10시부터 밤 1시까지 연습에 몰입했고, 공연이 없는 날에도 밤 8시까지 연습했다. 연습으로 한 해 동안 250켤레의 발레슈즈를 소비했다고 한다.

그녀는 1999년 '무용계의 아카데미상'이라고 불리는 '브누아 드 라 당스'(Benois de la Dance) 베스트 댄스상을 수상했다. 동양인으로서 서양인들이 구축해 놓은 문화체계인 발레계의 여왕에 등극했기 때문에 더 의미가 컸다.

그녀가 노란색을 좋아한다는 것을 알고 독일의 슈투트가르트의

난 재배협회는 노란 꽃의 신품종 난에 그녀의 이름을 붙이기까지 했다.

최고의 발레리나라는 호칭은 하루아침에 붙은 것이 아니다. 그녀의 땀과 노력, 피, 자기 헌신의 결과인 것이다. 그녀는 아침에 눈을 뜨면 늘 어딘가 아프지만 그 아픔은 무용수 생활의 일부분이라고 했다. 또한 그녀는 자신의 인생에 가장 가치 있는 것이 발레라고 생각한다고 했다.

자기의 인생을 위해 이토록 처절하다면, 하나님을 위해 자기를 드리고자 결단한 목회자인 우리는 이와 비교할 수 없는 더 큰 자기 헌신을 가져야 하지 않겠는가? 세상 사람들이 강수진을 인정하듯 우리는 하나님이 인정하시는 걸음, 그 한 걸음을 걸어야 하지 않겠는가?

하나님을 위해서 지금은 낙심되더라도 한 발자국만 더 내딛자. 아픔이 있더라도 이 아픔과 힘듦이 마땅히 감수해야 할 목회자의 복된 일생이라고 소리 없는 외침으로 한 걸음만 더 나아가자. 우리의 걸음은 무작정 하는 노력이 아니다. 목적이 있고 목적이 있어야 한다.

헤르만 헤세는 "목적이 있다는 것은 자신이 하는 일에 의미를 부여하는 일"이라고 했다. 노력했는데도 최선을 다했는데도 원하는 결과를 얻지 못하는 많은 목회자들을 본다.

"선비님, 어디로 가시기에 그렇게도 바쁘게 가십니까? 물 한 잔 드시고 쉬었다 가시지요?"

마을 느티나무 아래서 쉬고 있던 농부가 땀을 뻘뻘 흘리며 바쁘게 지나가는 선비를 바라보며 그늘로 들어와 잠시 쉬어가라고 말을 건넸다.

"지금 서울로 가는 길이라네. 오늘 안에 도착을 해야 하니 잠시라도 머뭇거릴 틈이 없네. 말은 고맙지만 갈 길이 바빠서 사양하겠네. 미안하네."

선비는 가던 길을 멈추지 않고 말했다.

"선비님! 서울로 가는 길은 그쪽이 아닙니다. 그쪽은 부산으로 가는 길입니다. 반대쪽으로 가셔야 합니다."

농부는 큰소리로 서울로 가는 방향을 가르쳐 주었다. 그러자 선비는 이렇게 답했다.

"걱정 말게나. 부지런히 이 길을 가면 서울에 도착할 것이네. 성실하게 노력하면 못할 것이 없다네. 걱정 말고 하던 일이나 열심히 하게나. 자네는 다른 사람이 하는 일에 간섭하지 말고 자네가 하는 일이나 열심히 하게나."

그리고는 농부가 가르쳐준 길을 무시하고 가던 길을 계속 걸어갔다.

이 이야기는 어느 선비의 이야기가 아니라 바로 우리 이야기이다. 목회자는 남의 얘기를 잘 듣지 않는다. 아니 무시한다. 믿음으로 열심히 하면 된다고 생각한다. 그리고 열심히 한다. 그런데 전혀 다른 방향으로 달려가는 것을 알고 있는가? 잘못된 방향으로 걸어가면 더 많이 돌아와야 한다. 자신이 걷는 사역의 길이 바른지, 그 방향이 맞는지 잠시 멈추고 돌아보자. 그리고 그 길을 한 걸음씩 걸어 나가자.

"천재라고? 그런 것은 존재하지 않는다.
다만 열심히 노력할 뿐이다.
그저 끊임없이 계획하고 실천하는 것이 방법이다."
- 오귀스트 로댕

3부
담임목사다운 담임목사

담임목사는 어떤 사람이며 '담임목사답다'라는 말은 무엇을 의미하는가? 담임목사는 영적인 지도자이며 영성으로 공동체를 이끄는 하나님의 종이다. 그의 말과 선포는 하나님 말씀의 대변자이어야 하고 영적 권세가 강해야 한다. 권위로 존재하는 것이 아니라 권세로 영적인 사역을 이루어가야 한다. 초심을 날마다 회복하며 하나님의 사람들이 영성을 회복하여 살아가도록 독려하고 세워가는 사람이어야 한다. 담임목사는 그저 그런 목사가 아니다. 공동체를 이끄는 영적 리더이다. 교인들 중에는 대통령, 국무총리, 정치·경제·사회·문화·예술인들, 각계각층의 지도자들이 있다. 그들을 하나님의 가치로 이끄는 영적인 역량을 갖추어야 한다. 그들을 영적으로 이끌어 이 세상에서 복음의 진리로, 말씀으로 실천하며 살아가도록 인도하는 데 부족함이 없는 목사가 바로 담임목사이다. 교회의 수장(首長)으로 족한 자가 아니라 모든 이들로 하여금 존경을 받는 인품과 영적인 능력이 풍겨 나오는 목사, 그가 바로 담임목사이다. 담임목사다운 담임목사가 바로 한국교회의 희망이다.

 # 21세기는 I Value 시대이다

　괴짜로 불리우지 않더라도 자신만의 스타일을 갖추어야 한다. 제발 누구의 목회를 따라하거나 누구처럼 사역하지 않으면 좋겠다. 스스로 되물어보라. "얼마나 자존심 상하는가?" 대량생산의 시대인 20세기에 마침표를 찍고, 개성의 시대 I의 시대인 21세기로 속히 돌아오길 바란다. 자신만의 목회 스타일, 자신만의 설교 유형, 자신만의 목회경영, 자신만의 교육과 훈련의 노하우를 갖고 자신의 목회를 해야 한다.

　애플의 스티브 잡스는 바로 'I'라는 가치를 가지고 우리에게 시대에 괄목할 만한 제품을 내어 놓았다. 아이폰(iphone), 아이팟(ipod), 아이패드(ipad). 여기서의 I는 무엇을 의미하는가? 나는 '나'라는 가치라고 생각한다. 그는 자신의 생각을 이름에 담고 제품에 담았다.

　유행하는 목회를 그만 멈춰라. 나만의 목회, 나만의 삶에 집중하라. 그것이 지금 이 시대가 원하는 목회이며 교회이며 삶이다. 하나님 앞에서 나로 사는 것이다. 더욱이 나는 이 'I'의 시대에 탁월한

'I'로 살고 싶은 것이다. 누구나 그리하여야 한다. 하나님께서는 우리 각자를 그렇게 창조하셨다. 제발 그냥 무작정 누구를 따라가지 말라. '나'를 존중하고 그 '나'로 살아가는 것이어야 한다.

위기를 기회를 바꾸는 힘; 나는 나를 혁신한다.

가죽에 해당하는 한자로 피(皮)자와 혁(革)자가 있다. 피(皮)는 짐승의 털이 그대로 있는 생가죽을 뜻하고, 혁(革)은 짐승의 생가죽에서 털을 뽑고 가공한 가죽을 뜻한다. 피(皮)를 가공하여 사용할 수 있도록 만들어 놓은 것이 혁(革)이다. 살에서 가죽을 벗겨낼 때에는 엄청난 고통이 따른다.

그런데 우리가 혁신(革新)한다고 말할 때에 혁신은 가죽 혁(革)과 새로운 신(新)이 합하여 이루어진 글자다. 한자를 그대로 풀이하면 가죽을 새롭게 한다는 의미가 된다. 가죽을 새롭게 하기 위하여 먼저 할 일이 있다. 살과 가죽을 분리시켜야만 한다. 살과 가죽을 분리시키는 데에는 엄청난 고통이 따른다.

삶의 방식이나 사고방법, 습관이나 제도를 바꾸어 새롭게 하는 일이 혁신이다. 점진적으로 조금씩 바꾸어 나가는 것은 혁신이라 하지 않는다. 그와 같은 것은 개선이라고 부른다. 완전히 철저하게 바꾸는 것을 혁신이라고 한다. 무엇을 하든지 혁신하고자 하면 반드시 고통이 뒤따른다. 살에서 가죽을 벗겨낼 때의 고통을 의미한다. 나는 우리 한국교회와 나를 포함한 목회자들에게 일대 대혁신이 일어나야만 한다고 생각한다. 혁신의 의지를 회복하여 새로운 교회상을 세상에 내어 놓아야 한다.

혁신에는 두 종류가 있다. 상자 안에서의 혁신과 상자 밖의 혁신이다《탁월함이란 무엇인가?》이제영 지음). 상자 안에서의 혁신은 틀을 깨지 않으면서 하는 조용한 혁신이다. 이것은 거의 개선에 가깝다. 개선은 리모델링 수준에 머문다. 하지만 상자 밖의 혁신은 새로운 게임 규칙을 만들어내는 것이다. 이러한 혁신은 위험이 따른다. 이러한 위험을 감내해내는 능력을 가짐으로 위기를 기회로 바꿀 수 있다. 내적인 혁신과 행동적 혁신과 자신의 한계를 뛰어넘는 혁신을 향한 도전이 있어야 한다.

나는 나의 한계 밖의 혁신을 위하여 애쓰고 분투해 왔다. 잭 웰치(Jack Welch)는 그의 저서 《승자의 조건》에서 "끊임없이 변화하는 세계에 발맞춰 스스로를 변화할 수 있는 과감한 혁신이야말로 진정한 승자의 조건"이라고 하였다. 우리 모두는 진정한 승자가 되어야 한다. 자기 자신으로부터 승자가 되고, 자기 혁신을 이루는 삶을 살아야 한다. 그럼 무엇을 혁신해야 하는가?

첫째, 생활방식의 혁신이 필요하다.

생활의 패턴을 바꾸어라. 이건희 회장이 삼성그룹 임원단에게 한 유명한 말이 기억난다. "아내와 자식들을 제외하고 다 바꾸어라!" 그렇다. 나 역시 종전의 삶의 패턴을 다 바꾸기로 결심하고 노력하였다. 그럼 생활방식을 혁신한다는 것을 무엇을 어떻게 하라는 것인가?

둘째, 부정적 사고의 혁신이다.

나는 억눌림의 가정환경에서 자랐기 때문에 사고 자체가 부정적이고 내면의 분노를 안고 있었다. 그러다보니 모든 것에 대체로 부정적 사고를 하면서 자라났다. (아마도 부정적 사고가 90% 이상일 것으로 생각된다.) 이것을 혁신하지 않고서는 긍정을 역설하고 믿음의 징표와 기쁨의 메시지를 선포할 수 없기 때문에 의지적으로 나를 긍정으로 몰아갔다.

언어의 긍정, 표정의 긍정, 적극적인 행동, 거만해 보일 만큼의 자세와 태도로 바꾸는 훈련을 계속하여 그것이 습관이 되게 하였다. 더 나아가 타인에게 긍정을 역설할 수 있을 정도로 긍정으로의 전환 모드는 프로 수준까지 이르게 되었다.

지금도 이 글을 쓰고 있는 나에게 찾아온 부정적 사고와 싸우고 있다. 긍정 모드로 전환하는 것이 쉽지 않은 사랑을 하고 있기 때문이다. 나는 몰입형이다. 몰입 모드(Flow mode)가 강하다. 그러니 사랑에 푹 빠져버렸다. 그 사랑이 부정적 사고를 너무 키우게 되어 다시 리셋(Re-set)하기 위하여 전환 노력을 하고 있다.

나는 부정적 프로그래밍이 잘 되어 있었던 사람이었기에 긍정 모드 전환은 그리 쉽지 않았다. 그런데 긍정 모드 전환을 이루었고 앞으로도 그렇게 살려고 한다. 아니 그렇게 살 것이다. 긍정적 사고와 삶은 자연스럽게 주어지는 것이 아니라 자신의 부단한 노력과 연습이 필요하다. 자신의 생각을 지속적으로 훈련해야 한다. 훈련을 통하여 긍정 모드로 변화된다.

긍정은 무엇보다 긍정의 말을 하는 것이 매우 중요하다. 내가 사용하는 언어 자체와 말을 구성하는 단어들에 부정적인 표현이 많았다. '안 된다' '하지 마라' '앞으로 뭐가 되겠니?' '네가 잘하는 게 뭐냐?' '네가 하는 일이 늘 그렇지' 이런 말만 듣고 자랐기 때문이다. 그러다보니 부정적 언어가 익숙할 수밖에 없었다.

셋째, 표정 관리의 혁신이다.

자신의 언어와 생각은 표정으로 나타난다. 초등학교 5학년 때 찍은 사진이 한 장 있는데 막냇동생을 안고 있는 내 모습은 이마에 주름이 잡힌 중년 아이로 보인다. 나는 그런 내 모습이 늘 싫었다. 표정이 밝게 찍힌 사진이 없다. 그래서 지금도 사진을 찍는 게 어색하다. 아니 싫다. 표정을 밝게 하는 것을 모르기 때문이다. 그런 나이지만 목회자이며 믿음의 밝음과 빛 가운데 거하는 사람이므로 표정 관리를 잘 하는 것이 중요하다고 생각해서 내 표정을 관찰하고 밝고 싱그러운 표정으로 사람을 대하기 위해 노력한다.

넷째, 사람들과의 대화에 적극적으로 임해야 한다.

나는 대인 기피증을 앓을 정도로 사람들과 관계 맺는 것이 어려웠다. 내가 무슨 말을 해야 할지 분위기를 끌고 나갈 줄 모른다. 그저 가만히 앉아 있는 것이 좋았다. 좋았다기보다는 어쩔 수 없이 앉아 있었다는 게 맞다. 가능하다면 피하고 싶었다. 사람과의 만남이 자신이 없었고 싫었다. 내가 어두우니까 더욱 그러했다. 그러다 보니 모든 분위기, 조명, 방의 구조, 어떤 공간을 가도 항상 어둡고 그림자가 있는 곳을 찾는다. 그것이 편하기 때문이다. 지금은 많이 바뀌어서 좋아졌지만 여전히 그런 분위기가 익숙하다.

밝은 사람을 만나면 부럽기도 하다. 어떤 분위기의 가정에서 자라느냐가 너무도 중요하다는 것을 뼈저리게 인식하고 있다. 그러니 모든 말과 표정 그리도 대인관계에 있어서도 어두울 수밖에 없었다. 사람은 그가 말하는 대로 된다고 한다. 더욱이 말은 마음의 알갱이이다. 즉 마음 중심에 있는 것들이 말로 표현되어 나온다는 것을 의미한다. 말은 사람을 살리기도 하고 죽이기도 하는 일종의 움직이는 도구이기도 하다.

나의 말을 분석해보면, 인생살이를 이야기하는데도 여전히 분석이라는 표현을 하는데 나의 사역 결과(?)임을 양해해주길 바란다. 나는 부정적인 언어로 충만하였다. 긍정을 바라보는 것이 약하기 때문에 자연히 부정적인 언어가 나올 수밖에 없다. 내 속에 부정이 가득하면 부정이 나오고 내 안에 긍정으로 채워져 있으면 긍정의 언어가 나올 수밖에 없다.

잠언서에는 인간의 혀에 대한 구절들이 많이 나오고, 야고보서 역시 말과 혀의 권세를 언급하고 있고(약 3:6-12), 에베소서에서는 구체적으로 어떤 말을 해야 하는지를 말씀하고 있다.

첫째는 거짓을 버리고 참된 말을 하라 하였다(엡 4:25). 더 이상의 설명이 필요하지 않은 말씀이다. 둘째는 무릇 더러운 말은 입 밖에도 내지 말고 오직 덕을 세우는 데 소용되는 대로 선한 말을 하라 듣는 자들에게 은혜를 끼치게 하라(엡 4:29). 셋째는 누추함과 어리석은 말이나 희롱의 말이 마땅치 아니하니 오히려 감사하는 말을 하라(엡 5:4)고 하셨다.

이것이 성경연구를 통해 나에게 주신 하나님의 말씀이었다. 말씀을 암송하면서 되새김질하고 있다. 아직은 완벽하지 않지만 꾸준히 노력하고 의식하면서 말을 하고 있다. 그렇게 하려고 애쓴다.

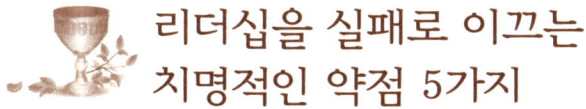 리더십을 실패로 이끄는 치명적인 약점 5가지

강점의 극대화, 이것이 요즘 트렌드다. 약점을 보완하려고 힘쓰기보다 자신이 잘할 수 있는 것에 집중한다. 나는 이 원리를 '영적 지도자의 자기관리'를 강의할 때 강조한다. 하지만 치명적인 약점이 있다면, 치명적이기에 반드시 그 약점이 먼저 보완되어야 할 때가 있다. 담임목사가 자신의 강점으로 리더십을 발휘할 때, 발목을 잡는 치명적인 약점이 있다면 그의 강점은 오히려 무익하게 되고 공동체의 비전을 이뤄나갈 수 없게 한다.

1. 실수로부터 배우지 못한다.

누구나 실수할 수 있고 실패도 할 수 있다. 그러나 그것을 어떻게 받아들이는지에 따라 큰 차이가 생긴다. 성공적인 리더와 그렇지 못한 리더의 차이 중 하나는 **'실수'**할 때 임하는 태도에 따른다. **'실수'**가 **'실패'**로 끝나는 리더들은 사역에서의 실수를 덮어두고 즉

각적인 조치를 취하지 않는다. 외면하는 경향이 짙다. 실수를 배움의 기회로 살리지 못한다.

그러나 정반대의 태도를 취하며 실수를 딛고 일어나는 리더가 있다. 그들은 실수를 기꺼이 인정한다. 실수로 인한 오류를 정정하기 위해 최선을 다하고 반복하지 않으려 노력한다.

실수를 통해 배우지 못하는 것이 가장 큰 실패의 원인이다. 변명하지 말고 피하지 말고 피드백을 겸허하게 받아들이는 태도가 바로 성장하고 성공한 리더들의 비결이다.

2. 역량 부족이다.

담임목사의 역량이 부족하다는 것은 자기 역할과 직무 수칙 등 기초적인 사역 수행 능력이 미달된다는 뜻이다. 그 원인은 크게 무능하거나 직무 유기의 태만함 때문이다. 가장 위험한 역량 부족은 첫째, 설교의 능력 부족이고 둘째, 교회 운영(경영)의 미숙함이다. 교회 공동체를 경영할 수 있는 역량을 키워야 한다. 조직, 인사, 시스템, 구조, 인재 등용, 프로그램 진행 능력, 프로젝트 수행 능력, 프리젠테이션, 동기부여 능력 등을 키워야 한다.

3. 새로운 아이디어나 사역에 폐쇄적인 태도이다.

교인들이나 부교역자를 비롯한 동역자들로부터 듣는 제안을 거부하는 것뿐 아니라 낡은 방식을 고수하는 것이 닫힌 태도이다. 자기 본위적인 사고로 인해 진취적인 사역을 펼치지 못하는 것이 결국 리더십의 실패로 이어진다. 크라우드 소싱(crowd sourcing), 많은 사람들로부터 얻는 아이디어와 제안에 대해 자동적으로 부정적인 반응을 보이거나 무시하는 지도자들을 종종 본다. 자신만을 유일한 아이디어맨으로 착각하는 것 같다.

계속해서 '노'(No)라고 말하는 리더도 나쁘지만 듣는 척하고 아무런 반응이 없는 리더는 더 나쁘다. 듣는 척해서 희망을 불러일으키지만 아무런 행동도 취해지지 않을 때 그 희망은 사라져 버리기 때문이다. 담임목사의 생각만이 하나님이 주시는 계시가 아니다. 또한 자신의 생각이 모든 사람들의 생각보다 우월하다고 믿는 것은 오만함이다. 귀를 기울여야 한다. 진정한 리더십은 남을 나보다 낮게 여기는 겸손함으로 상대를 존중할 때 더욱 빛을 발하게 된다.

4. 책임감 결여이다.

리로이 아임스는 그의 책 《동기를 부여하는 지도자》에서 동기를 부여하는 지도자의 첫 번째 덕목으로 책임감 있는 지도자라고 언급했다. 그렇다. 책임감 결여는 리더십을 망친다. 한국 교회가 도덕적, 윤리적으로 어려운 지경에 이른 것은 하나님과 사람들 앞에서 영적 지도자의 책임감 있는 행동이 없기 때문이다. 누가 그 책임을 져야 하는가? 교인들인가? 교회인가?

책임감은 리더십을 더욱 확고하게 한다. 공동체 안에 일어나는 모든 실패와 실수의 근본적인 책임은 담임목사에게 있다. 리더는 책임자이다. 성공적인 리더는 결과와 성과가 좋을 때, 타인에게 그 영광을 돌리고 그렇지 못한 결과가 나타날 때는 모든 것을 자기의 책임으로 멈추게 하는 자이다. 오늘날 한국 교회에 이러한 영적 지도자들이 필요하다. 공동체를 위하여 자신을 위하여 책임감 있는 지도자가 필요하다.

5. 주도성 부족이다.

소극적인 것을 말한다. 사역의 결과가 자기의 위치나 직위 유지에 위험이 될 때 적극적인 사역을 하지 못하게 된다. 그러다 보니 생산적이고 창의적인 사역보다는 안이한 태도로 주도성이 부실해지는 것이다. 리더는 현실에 대한 고민을 멈추고 내일의 교회를 위하여 지속적이며 적극적으로 사역을 추진하고 변화에 주도적이어야 한다.

기억할 것이 있다. 교회는 하나님의 소유이고 하나님의 사역에는 실패가 없다. 아무것도 시도하지 않는 것이 죄이며 본분을 망각하는 태도이다. 그러므로 두려움 없이 도전하고 또 도전하는 자세를 갖도록 해야 한다.

치명적인 약점을 극복하는 유일한 대안은 자신에 대한 피드백을 진심으로 받는 것이다. 더 답답한 것은 자기에게 이러한 치명적인 약점이 있는지를 모른다는 것이다. 오히려 자기 자신을 너무 잘 안다고 생각하여 누구의 얘기를 듣고자 하지 아니한다. 탈레스는 말했다. "자신을 아는 일이 가장 어렵고 다른 사람에게 충고하는 일이 가장 쉽다." 진정한 리더는 자기 객관화를 위한 걸음을 내딛는다. 자기 객관화를 통해 자기를 보며 스스로의 스펙트럼에 갇히지 않는다.

피드백은 자기 교정을 가능하게 한다. 자기 성숙과 변화에 자기를 노출시킨다. 선수보다 실제 역량이 부족한 코치가 선수에게 필요한 이유는 선수 한 명 한 명을 객관적으로 바라보고 전체적인 전략과 지략을 진행할 수 있기 때문이다. 고문이나 원로들을 청하여 그들의 얘기에 귀를 기울이는 이유는 자기 객관화를 위한 순서이다. 피드백은 자기 겸양이다. 피드백은 변화에 겸손히 응답하는 것이다. 피드백은 열린 자세다. 피드백은 투명성을 가져다준다. 피드백은 성숙과 성장을 약속한다.

백천학해(百川學海)

'백천학해'란 '모든 시내가 바다를 배운다'는 뜻이다. 모든 내천이 더 낮고 낮은 곳인 바다로 향한다는 의미이다. 물은 근본적으로 장애물을 만나면 정면으로 승부를 걸지 않고 우회하며 유유히 흐른다. 그렇게 굽이굽이 흘러 바다로 향하다가 다시 하늘로 올라가 비로 내려온다. 가장 낮은 곳으로 가서 다시 가장 높은 곳으로 올라간다. 그리고 그 자리에 머물지 않고 또다시 순환을 한다. 또 다른 모습으로 계절의 옷을 입고 다시 내려온다.

부드럽게 순응하면서도 결코 멈추지 않는 물, 담임목사가 되어 최고의 영적 리더가 되었지만 결코 자만하지 않고 끊임없이 흐르는 물, 바다에 이르렀지만 언제나 다시 처음의 마음으로 시작하는 물, 그 물이 있는 시내가 되어야 한다.

낮아짐은 끊임없는 자기 학습으로 이루어진다. 배우고 익히는 것이 바로 물의 자세이다. 배움과 학습의 자세는 스스로 자기를 낮추는 자세가 아니고는 그 길에 설 수 없다. 자신의 지식과 배운 것으로만 전부를 안다고 생각하는 어리석음을 버리는 것이 새로움으로 향하는 도전이 된다.

 배움에는 끝이 없다. 배움은 End가 아니라 And & And이다. 모든 것을 포용하는 광활한 세계관으로 안내한다. 마치 바다가 세상의 모든 쓰레기를 가슴으로 안는 것과 같다. 바다는 세상의 모든 물을 담는다.

 나는 가끔 바닷가에 가서 바다를 바라보며 내 가슴과 마음이 바다와 같아졌으면 하는 마음을 갖는다. 여전히 협소한 가슴으로 남아 있지만, 그래도 바다를 향하는 마음은 그러한 바다의 포용을 배우고 싶은 마음을 일구고 싶기 때문이다.

 자신을 낮추는 배움은 지식과 이성에 머무르지 않는다. 인생의 모든 희로애락을 담고 아름다움과 추함을 아우를 수 있다. 높아지기 위해 냇가의 물은 흐르지 않는다. 흐르고 흐르다 보니 그곳에 도달하고 모두를 품고, 그리고 승화하여 하늘로 오르고 다시 하늘의 비가 되어 내천으로 흐른다. 결국 물은 낮은 곳에 임하기 위하여 높은 곳으로 오르는 것이다.

 담임목사는 바로 영적으로 가장 높은 곳의 직위를 가지지만 그것의 목적은 내려오기 위함이다. 삶의 인카네이션(Incanation)이 되어야 한다. 이것이 주님의 겸손이며 십자가 정신이다. 담임목사가 진정한 하나님의 종이 되기 위해서는 낮은 곳에 머무는 것이 행복하고 기쁘고 즐거워야 하며, 그곳에 머물 때 가장 돋보인다. 그것이 바로 영적인 리더십이다.

때로는 빠르게 흐르기도 하고 잠시 고여 있기도 한다. 천천히 흐르기도 하고 급물살로 변하여 흐르기도 한다. 여기저기 물들이 모이고 모여들어 바다로 흐른다. 수심이 얕고 물길이 좁아 요란한 소리를 내기도 하지만 깊은 곳을 흐르는 물은 내면의 깊이로 묵묵히 자신의 물길을 따라 흘러간다.

오늘 비록 사역의 목표를 달성하지 못하였다 할지라도 궁극적이고 본질적인 목적지를 잊지 않기에 염려하지 않는다. 우리가 경계해야 할 것은 '목표 상실'이 아니라 '목적 상실'임을 명심하여야 한다. 목표는 목적을 향하는 도상이며 과정에 불과하다. 목표 중심적 사역자가 되지 말고 목적 중심적 사역자가 되어야 한다.

> 내가 누구이며,
> 나는 무엇을 하는지를 알고,
> 나를 통하여 이루시고자 하는 하나님의 뜻을 알아야 한다.

담임목사는 기꺼이 냇가의 물이 되어 흘러가야 한다. 많은 우여곡절을 겪어가면서 바다로 향하고 주님의 심장으로 포용하는 자가 되고 승화하여 다시 비가 되어 냇가로 내려오는 자여야 한다.

그대가 선 자리는 어디인가?
지금 어디로 흐르고 있는가?
고인 물이 되지 말아야 한다.
목적을 잃지 않고 유유히 흐르는 물처럼
그렇게 사역에 임하라.

 속도가 아니라 밀도이다

미국의 동화작가 엘릭 칼의 《배고픈 애벌레》라는 책이 있다. 달빛 흐드러진 밤에 알에서 깨어난 애벌레가 월요일부터 토요일까지 계속 뭔가를 먹어댄다. 자기 몸에 가장 잘 맞는 먹거리를 찾아 계속 꿈틀대는 애벌레의 모습은 별스러운 장면도 아니지만 결국은 나비가 되어 가는 것을 바라보게 한다. 이러한 작은 일상을 살아가는 애벌레의 삶, 그 하루하루의 성실함과 꾸준함으로 나비가 되듯이 우리 역시 자신의 사역 현장을 비관할 것이 아니라 오늘 하루도 움직이며 계속하여 꿈틀대며 완성해 가는 것이다.

우리 앞에 놓인 수많은 변화 속에서 좋은 날만 맞이할 수는 없다. 좋은 환경과 좋은 사역지에 대한 기대는 기대로만 끝나는 경우가 허다하다. 그러기에 불안은 더해가고 불만은 쌓여간다. 사역의 현장에서 불나방 같은 질주와 단기간 성과를 볼 수 있는 사역에 뛰어드는 이유도 불안과 불만에서 벗어나고자 하는 담임목사의 몸부림일 것이다. 애벌레의 움직임은 밀도 있는 몸부림이다. 무엇을 먹을지, 먹어야 하는지 방향성이 정해졌다면 작은 것부터 충실히, 꾸준히 이뤄가라. 그러면 반드시 나비가 되어 날아오를 것이다. 멀리 보고 오늘에 집중하자. 자신의 삶에 밀도를 높이는 것이다.

사역은 속도전이 아니라 밀도이다. 밀도는 진정한 자신과의 만남이다. 밀도는 사명을 완성하기 위한 본질을 향한 걸음이고 자신의 쟁점(爭點)이다. 나는 사역의 속도전으로 승부를 걸지 않는다. 오히려 밀도 있는 사역자로 살기 위해 자신과의 경쟁을 한다. 속도와의 경쟁이 아니라 밀도와의 경쟁이다. 주변의 교회와 목회자들과 경쟁하지 말라. 내 안의 나와 맞붙고 어제의 영성보다 자라난 영성을 위해 고군분투해야 한다.

밀도는 내면의 결핍된 욕구를 채우는 것이며, 자신의 가치를 위해 헌신하는 것이며, 목회의 본질을 수행하는 개념이다. 비전을 향한 가슴 뛰는 여정에서 느끼는 성취가 밀도이며, 하나님의 영광이 되는 것이 밀도이다. 밀도 있는 리더란 교회의 주체가 하나님이라는 고백이 뼛속 깊은 곳까지 새겨져 있어 맡기신 사역지에 전심으로 몰입하는 지도자이다.

밀도는 또한 인내를 요구한다. 인내라는 단어는 영어로 Endurance로서, End적 사고로 자신의 삶을 이어가는 것을 뜻한다. 밀도 있는 삶은 End적 사고로 하루하루를 살아간다. 이것을 종말론적인 삶이라고 한다. 종말론적 삶을 향한 우리의 사고는 인생의 깊은 맛을 우려내는 실존에 관한 사고이다. 반면, 돈과 명예를 좇는 삶은 인스턴트 혹은 자판기와 같은 삶이다. 속도전의 삶은 빠르고 쉽게 다가가지만 밀도 있는 삶은 비록 더디지만 바른길, 정도의 길을 걷게 된다. 자판기와 같은 인생이 되어서는 안 된다.

김소연 시인은 《마음 사전》에서 중요한 일과 소중한 일을 구분한다. 중요한 일은 우선순위를 염두에 두고 결정하지만, 소중한 일은 그 본질적인 가치와 의미를 기준으로 우선순위를 결정한다. 중요한 일은 시간을 다투는 일이고, 소중한 일은 하지 않으면 안 되는 의미 있는 일이다. 반드시 해야만 하는 것들 가운데 소중한 것을 우선순위에 두고 행하는 것을 말한다.

삶이 바쁘다고 시간을 덤으로 더 주는 일은 없다. 스스로 창의적으로 시간을 창조하고 활용해야 한다. 검도에는 '중단 겨눔'이라는 것이 있다. 멈춰 서 있는 것처럼 보이지만 사실은 다음 공격을 위한 치열한 멈춤이다. 움직임이 없어도 그냥 서 있는 것이 아니고 다음 공격을 준비하는 과정이기에 '중단 겨눔'에는 폭풍 전야의 긴장감이 감돈다. 사역에도 '사역의 중단 겨눔'이 필요하다. 폭풍처럼 역사하는 힘이 당신을 휘감을 수 있도록 말이다.

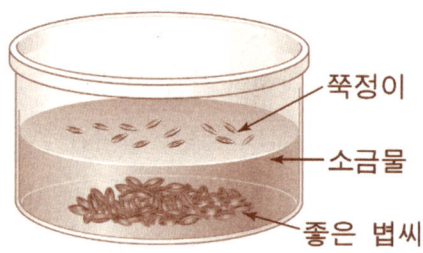

 ## 실력 플러스: 실력+

"실력만 있으면 되나 연줄이 있어야지." 이런 말을 많이 듣는다. 여기에는 비판과 한탄이 섞여 있기도 하다. 연줄이 좋아 잘 갖춰진 교회에 부임하게 된 경우도 있기에 그러할 것이다. 불행하게도 우리 교계에는 여전히 특혜와 권모술수가 통하고, 대형교회와 안정된 교회에 전임목사의 자녀들이 담임목회자로 부임하기도 한다. 그러기에 그러한 말이 나오는 것일 게다.

그러나 낙하산은 많지 않기도 하거니와 설령 그렇다 할지라도 교회의 담임목회자 부임은 전적으로 하나님의 몫이다. 불평과 비판만 하지 말고 실력을 쌓아야 한다. 이러한 현실을 직시는 하되 우리 자신의 정신 건강과 영혼의 강건함을 위해 받아들이는 노력도 하고 생각을 고쳐먹는 것도 필요하다. 사람은 전문적인 지식만으로 인정받는 것이 절대로 아니기 때문이다.

실력 위의 실력이 필요하다. 네트워크 능력, 결단력, 사역 추진력, 인격, 친화력, 사교력, 언변력, 이미지 관리 등의 변수가 작용하기 때문이다. 남의 뒷담화를 하는 동안 자기 실력을 구비하는 데 더 많은 시간과 공을 들이자.

혈연, 학연, 지연 같은 변수들 때문에 전혀 실력 없는 사람들이 등용되는 것도 문제이지만 이 사회에서, 한국교회에서 여전히 작동되는 것이 또한 실력 플러스이다. 사회와 교계가 건강해질수록 실력 플러스는 더더욱 인정받게 된다. 전문기술과 지식은 너무도 보편적이 되어 버렸고, 전문지식으로는 차별화를 도모할 수 없기 때문이다. 그러므로 실력 플러스로 사역의 경쟁력을 갖추고 사역의 블루오션을 형성할 수 있다.

실력 플러스는 자신이 가진 학력이나 스펙을 뛰어넘는다. 나의 '강점을 극대화'하고 유연성 있는 사고를 위한 '사고의 스펙'을 넓히는 것이 실력 플러스이다. 무엇보다 '리더십을 강화'하여 교인들이 직면하는 다양한 문제를 다루고, 다양한 교인들의 배경만큼이나 '다양한 영역에서의 기초적인 식견'과 '인맥 관리를 도모하는 능력' 또한 실력 플러스이다.

필자는 목회의 영역 외에 리더십 훈련을 경험할 뿐 아니라, 중간관리자들의 리더십 스킬을 함양하는 카네기 리더십 과정도 마쳤다. 더 나아가 경영컨설턴트 자격증을 취득하였고, 향후 미래 사회와 경영을 위한 창조융합경영 CEO과정도 수료하였다. 할 수만 있으면 지속적으로 배움의 시간을 갖고 나 자신의 변화와 혁신을 도모하기 위한 노력과 헌신을 하고자 한다.

실력 플러스를 위한 자기의 헌신, 즉 목회현장에서만큼은 최고의 전문가가 되기 위해 지속적인 자기 혁신 도모가 필요하다. 혁신을 위한 끊임없는 학습을 해야 한다. 학습이란 결코 사역의 프로그램을 의미하는 것이 아니다. 사역의 보완이 되는 인격개발, 영성 강화를 위한 리더십을 학습하라는 말이다. 이제 간헐적으로 수혈이 필요한 임시방편의 사역 프로그램으로부터 탈피하고 목회 본질의 사역자가 되기 위한 실력에 플러스를 더하자.

 # 아이디어 네트워킹(Idea networking)

"일반적인 네트워킹은 개인들의 특성 자원을 얻기 위해
다른 사람들과의 관계를 형성하는 반면,
아이디어 네트워킹은 의도적으로 다른 배경과 관점
그리고 다른 사역을 수행하는 사역자들과의 관계를 추구한다."
- 《혁신가의 아이디어》, 제프 디에 저

만약 무엇인가를 얻기 위해 관계를 맺는다면 비즈니스형 네트워크를 하는 사람이다. 그러한 의도는 금방 상대가 알게 되어 거리가 생길 것이다. 그러나 비즈니스가 아닌 어떤 사회적 커뮤니티를 위한 것이라면 내면의 네트워크가 형성된다. 이것을 의미 있는 인간관계라고 한다.

세상과 구별된 교회 안이 주활동 무대인 담임목사의 인간관계는 지극히 제한적일 수밖에 없다. 지방회(어떤 교단에서는 시찰이라고도 한다)나 노회 모임에 참석하는 정도의 관계 형성이 현실이다. 목회자 컨설팅을 통해 알게 된 것은 많은 목회자들이 멘토를 갈망하나, 자신의 연약하고 아픈 모습까지 내놓고 가이드를 받을 만한 멘토를 찾지 못하고 있다는 것이다.

치료받지 못한 자아의 모습으로는 누군가를 멘토로 섬기기도 어렵다. 그러다 보니 악순환의 고리가 되어 그의 사고와 세계관, 가치관, 비전, 사명, 사역들의 범위가 지극히 좁아진다. 에고이즘(egoism)이 되어 가는 이도 있다. 고립된 사역은 본인뿐 아니라 공동체 전체를 국소적인 영성에서 헤어나오지 못하게 한다. 이것이 바로 영적 지도자, 담임목사의 파급효과이다.

사역지가 비록 산골짝 오지이거나 지방도시일지라도 폭넓은 네트워킹을 만들어 갈 수 있다. '아이디어 네트워킹'이라는 칩을 머릿속에 심는다고 상상해 보자. 세계는 넓고 광활하다. 무수한 움직임이 있다. 그곳으로 나와야 한다.

자신의 아이디어 네트워크에 걸려 있는 인맥은 어떠한가? 얼마나 다양한가? 그들은 자신과 얼마나 다른가? 자신에게 도전과 열정 그리고 전문적인 식견을 줄 수 있는 사람들이 당신의 네트워크망에 얼마나 걸려 있는가? 나를 넘는 것은 나의 인맥을 넘을 때 비로소 가능하다. 어떻게 해야 할까?

매주 새로운 한 사람과 만나는 것을 원칙으로 해보자. 배우기 위한 만남에 그리고 내면의 소리를 듣기 위한 만남에 시간과 물질을 투자하는 것도 좋다. 자기 발전을 위해 새로운 사람과의 만남을 매주 가져보는 것이다. 물론 기존의 인맥을 소중히 관리하는 것은 너무도 당연하다. 친구와 지인, 만남을 가진 이들과 교제권을 넓히고 더 풍성히 해야 한다. 늘 만나는 무리 속에서 주변을 돌아보고 소원한 관계를 찾아 회복하고 발전하도록 한다. 이것을 관계 리더십이라 한다.

"행복은 명사도 동사도 아닌 접속사다. 다시 말해 행복은 어떤 물건이나 행복이 아닌 사람과 사람 사이의 관계 속에 있다"라고 에릭 와이너가 말했다. 담임목사는 사람 속에 거하는 영적 지도자이다. 하나님께서는 사람을 가장 소중히 여기셨고 귀하게 여기셨다. 사람과 관계 맺는 '완전정복' 참고서를 제시할 수 있는 영적 지도자가 되어 보자.

마스터 마인드(Mastermind) 팀이 필요하다. 누구보다 담임목사에게는 더욱 절실한 구성원들이다. 미국의 정치가였던 벤자민 프랭클린은 필라델피아 지역에서 12명의 유능한 친구들과 함께 자기 발전을 도모하는 팀을 구성하여 매주 만났다고 한다. 책과 사상을 나누기 위함이었다. 그대에게는 그러한 모임이 있는가?

담임목사는 이러한 아이디어 네트워크를 이루는 지도자이다. 나를 넘는 아이디어 네트워크를 위하여 지금의 굴레를 벗어나길 바란다.

 처음의 떨림, 그 긴장의 초심을 잃지 말라

초심, 초심, 초심! 나를 지키는 구호이다. 언제나 잊지 않고 뇌리에 박혀 나를 지키는 단어이다. 초심이란 순수한 마음이다. 첫사랑의 마음이고 긍정과 희망으로 시작한 마음이다. 설렘과 두려움이 교차되며 기대감으로 날밤을 지새운 마음이다. 초심을 잃는 순간 교만의 길로 들어서게 된다. 변화의 가장 큰 걸림돌은 '지금이 가장 좋아', '내가 최고야', '지금의 호황을 버릴 수 없어'라고 하는 마음이다. 초심과 가장 멀리 떨어져 있는 마음이다. 이것이 자만이며 교만이다.

자만심이 생기기 시작하면 리더는 안주하게 되고 더 이상의 기대를 꿈꾸기 어렵다. 탑의 자리에 선 리더일수록, 최고의 선수일수록 더 많이 훈련하고 더 낮게 자기를 숙이고 초심으로 회심하는 자기 결단이 날마다 있어야 한다. 개구리는 올챙이 시절을 기억하지 못하지만 사람은 미숙했던 자신을 돌아볼 수 있다. 처음 시작할 때의 마음, 첫 사역지에 첫 출근하는 마음, 목사안수를 받은 그 첫날, 부임한 첫날, 그날에 가진 마음을 간직한 영적 리더로 살아가는 담임 목사여야 한다.

초심 갖기는 훈련이다. 초심은 저절로 떠오르지 않는다. 지속적인 훈련으로만 가능하다. 초심은 순수이고 순수한 열정의 또 다른 표현이다. 애플의 스티브 잡스는 "초심자의 마음을 갖는 것은 정말 좋은 일이다. 이런 마음을 가진 사람은 선입관과 기대감, 비난과 차별에서 자유로워진다. 어린아이처럼 초보자의 마음으로 호기심과 놀라움이 가득한 사람이 되도록 하자"라고 하였다.

초심을 변질시킨 범인은 바로 나이다. 어느 누구도 초심을 버리라고 강요하지 않는다. 방심 또한 초심을 흐리게 한다. '방심'의 사전적 정의는 '긴장이 풀려 마음을 다잡지 않고 놓아 버림'이다. 마음의 긴장을 놓을 때 사탄은 그 기회를 절대 놓치지 않고 초심의 자리에 자만을 채우기 시작한다. 초심은 소멸되는 것이 아니다. 마음 깊은 곳으로 빗장을 걸어 둔 것뿐이다. 우리가 할 일은 지금 그 깊이 가둬 둔 초심을 다시 꺼내는 것이다. 지금 당장, 초심을 키워 방심한 마음을 몰아내도록 하자.

개척으로 성공적인 목회를 이룬 경우 초심을 잃기가 더욱 쉽다. 밑바닥부터 시작한 개척자들은 사역에 생사를 걸지 않으면 성공할 수 없다는 사실을 뼛속부터 절감하기에 목숨을 불사하고 달려간다. 그러다 어느 정도 숨을 고르게 되면 초심을 방치하기 시작한다. 오직 한가지의 마음으로 무장했던 자세가 흐트러지고 교회 외적인 사역과 일들에 관심을 갖게 되면서 순수함을 상실한다.

진정한 목회 사역에서의 성공이란 교인들의 숫자가 아니라 하나님과 사람들 앞에서 순수한 초심으로 섬김의 사역을 지속하는 것이다. 성공이란 자기를 이기는 것이고 자신과의 싸움에서 승리하는 비결은 초심 유지이다.

초심을 유지한 담임목회자를 꿈꾼다.

 # 청정문해(聽情問解)

담임목사에게 가장 부족한 부분이 있다면 아마도 듣기, 공감하기, 질문하기, 더불어 해결책 찾기 청정문해(聽情問解)일 것이다. 아마도 담임목사라는 직위에서 얻어지는 리더십이 이러한 환경을 조성하고 청정문해를 어렵게 만들었을 것이다.

그러나 담임목사의 사역 중 섬김은 무엇보다 중요한 것이며, 교인들의 이야기에 귀를 기울이고 이해하고 수용하며, 그들의 당면 과제나 교회의 문제들을 함께 해결하는 청정문해야말로 섬김의 진수라 할 수 있을 것이다. 귀를 열고 듣는 것만으로도 소통은 이루어진다. 듣기는 하되 건성으로 듣지 말고 진심 어린 가슴으로 듣는 자세를 가져야 한다. 교인의 입장에서 듣고 이해하려는 마음의 자세이다.

그리고 그들의 애환과 아픔 그리고 영혼의 부르짖음과 삶의 고통과 문제를 공감하는 자세가 필요하다. 듣는 것만으로는 부족하다. 그들의 얘기에 공감을 더해야 한다. 공감의 표시를 몸짓으로,

언어로 그리고 행동으로 나타내야 한다. 칭찬거리를 찾으면 더할 나위 없이 좋다.

교인들과 공감 어린 가슴을 열었다면, 이제 그 문제를 위한 개방적인 질문을 해야 한다. 질문은, 즉답을 피하고 스스로 그 문제들의 답을 찾게 하는 열쇠가 된다. 영적 지도자의 질문을 통해 교인들은 스스로 문제의 해답을 절반 이상 깨닫게 된다. 올바른 질문만으로도 어느 정도의 문제들을 해결한다는 뜻이다. 스스로 자신의 문제 해답을 찾도록 돕는 멘토의 기술을 터득하고 익히며 활용하여 교인들과 가까워져야 한다.

담임목사는 교인들을 위하여 존재하는 영적 지도자이다. 그러기 위해서는 그들과 호흡하고 공감하자. 일방적인 설교와 지시 그리고 위치에서 주어지는 리더십으로 공동체를 이끌지 말고 듣고(聽, Listen), 공감(情, Empathy)하고, 질문(問, Ask)하여, 해결안(解, Discover)을 스스로 찾도록 도와야 한다.

1. 어떻게 들어야 하는가?

말을 잘하는 것은 지식이다. 그런데 말을 잘 듣는 것은 지혜이다. 리더의 중요한 성품 중 하나가 바로 경청이다. 경청은 상대를 존중한다는 가슴의 표현이기 때문이다. 리더는 일방 통행하는 자가 아니라 상대의 얘기를 듣고 쌍방향 소통하는 자이다. 듣기는 하지만 제대로 들어야 한다. 제대로 듣기 위해서는 귀를 공손하게 열어야 한다. 세이공청(洗耳恭聽)이라고 한다. 듣기만 하는 것이 아니라 존중하며 가슴과 마음을 열고 들어야 한다는 의미이다.

*눈으로 들어라

교인을 보면서 교인이 무엇을 말하고자 하는지 그 '의미'를 생각한다. 교인이 말하고자 하는 신체언어를 이해해야 한다. 표정이나 이미지, 얼굴, 근육의 움직임 하나하나가 모두 메시지가 된다. 그렇다고 뚫어지게 쳐다보라는 것이 아니다. 존중하는 마음으로 들어야 한다는 것이다.

*몸으로 들어라

교인들이 얘기할 때 진지하게 들어야 한다. 편안하게 집중하며 자주 응대하며 혹은 질문하며 가슴으로 들어야 한다. 교인들이 얘기하는 대화의 내용에 집중한다는 메시지를 보내야 한다.

*마음으로 들어라

진심으로 들어라. 휴대폰도 잠시 끄고 얘기를 다 마칠 때까지 집중하며 혹은 메모지에 메모하며 들어라. 그것이 존중이다. 그리고 그 내용을 다시 질문하며 확인하고 공감하는 자세로 들어라.

2. 어떻게 공감할 것인가?

공감, 이것은 사람의 마음을 움직인다. 사람의 마음이 움직인다는 것은 동기유발이 되었다는 것이며, 동기유발을 통해 교인들은 잠재되어 있는 역량을 끌어낼 수 있다. 그들의 삶, 섬기는 교회 그리고 더 나아가 하나님의 나라를 위해 살아가도록 하기 위해 그들이 지닌 잠재역량을 발굴해야 하고, 창조적인 삶을 살도록 하는 것이 바로 목회의 본질이다.

공감은 단순히 고개만 끄덕이는 것이 아니다. 단순히 귀로 듣고 머리로 이해하는 것을 넘어 가슴으로 이해하고 그것을 인정해 주고 격려하는 것을 의미한다. 많은 목회자들이 인정 욕구의 늪에 빠져 있기 때문에 인정만 받고 싶어 하지 인정하는 것에 매우 서툴다. 나 역시 예외가 아니다. 인정하라. 범사에 인정하라. 담임목사를 향한 질타가 있어도 먼저 인정하고 그다음 자신의 얘기를 하도록 하라. 이것만으로도 공감대는 커져간다.

나는 공감 능력이 매우 취약하다. 지고 싶지 않고 실수를 인정하고 싶지 않기 때문이다. 완벽주의 성향의 발로이다. 그러다 보니 변명부터 하고 자기방어 기제부터 가동한다. 나를 방어하고 싶은 것이다. 완벽하게 보이고 싶은 어리석음이 크기 때문이다. 공감력을 키우기 위해서는 그 누구의 말이라도 상대방의 얘기를 귀담아 듣고 그것을 인정해야 한다.

인정은 그 내용의 중요성과 관계없이 그의 존재 자체를 인정하는 행위의 언어이기 때문이다. 또한 사실을 그대로 받아주는 것, 표현하는 것, 그것 자체를 그대로 받아주는 순수한 마음이다. 인정은 교인들과의 순수한 관계를 형성하는 도구이기도 하다. 그러기 위해서는 담임목사의 공감도가 날로 높아져야 한다.

3. 질문하고 또 질문하라

탁월한 리더는 질문의 대가이다. 진정한 코치는 질문가이다. 질문은 상대의 내면을 열게 하고 그 내면을 끌어내는 에너지가 된다. 질문은 상담에서 최고의 꽃이다. 질문으로 답을 찾아가기 때문이다. 질문이 대화의 열쇠가 되기도 하고 문제 해결의 단초가 된다. 담임목사는 사실(fact)에 근거하여 교인들을 대하지 말고 질문으로 창의성을 이끌어내는 질문가여야 한다.

그러므로 질문을 개발하고 준비해야 한다. 질문에는 개방형 질문(open probe)과 선택형 질문(close probe)이 있다. 개방형 질문은 포괄적인 정보를 얻고자 하거나 상대의 관점, 의견, 사고, 감정을 이끌어내고자 할 때 사용하며, 자유롭게 의견을 제시할 수 있는 열린 질문은 주로 대화의 초기에 사용한다. 선택형 질문은 응답을 선택하도록 제시되는 질문으로 한정된 해답을 얻게 됨으로 구체적인 정보를 얻고자 할 때 사용되며, 정답을 선택할 수 있도록 하는 질문으로 주로 대화의 후반부에 사용하는 것이 좋다.

열린 질문은 생각과 관점 그리고 이유와 목적을 질문하는 것으로 상대와의 진지한 대화를 이끌어낼 수 있다. 선택형 질문은 구체적인 실행으로 옮기게 하는 결단을 촉구하며 행동화하게 하는 질문이다. 담임목사는 이 두 가지의 질문을 능숙하게 이끌어야 한다.

4. 문제 해결 역량을 키워라

21세기 리더십을 문제 해결 리더십이라고 한다. 그만큼 산적한 문제들이 많다는 의미도 되지만, 그 문제들을 능숙하게 해결하는 리더가 요구된다는 의미이기도 하다. 교회와 교인들이 안고 있는 영적인 문제들을 능숙하게 해결하는 담임목사가 되어야 한다. 문제를 바라보는 능력과 문제점을 발견하고 시사점을 찾아, 그 문제에 가장 성경적이며 영적인 해안(解顔)을 제시하는 능력을 가져야 한다.

문제 해결을 위하여 가장 중요한 것은 문제 발견이다. 문제는 보이는 문제와 보이지 않는 문제가 있다. 문제 발견이란 눈에 보이지 않는 문제를 발견하는 능력이다. 예컨대 교회공사 현장에서 인부가 떨어졌다고 하자. 사고가 난 것은 보이는 문제이다. 보이는 문제를 제공한 원인이 보이지 않는 문제로서, 그 보이지 않는 문제를 찾아가는 것이 문제 발견이다.

문제는 세 가지가 있다. 첫째, 이미 일어난 문제인 발생형 문제 둘째, 앞으로 개선하고자 하는 탐색형 문제 셋째, 앞으로 어떻게 할 것인가 하는 설정형 문제이다. 담임목사는 이 세 가지의 문제를 해결하는 역량을 키워야 한다.

다음 그림을 통해 알 수 있듯이 담임목사는 탐색형 문제와 발생형 문제를 위임을 통하여 해결할 수 있다. 모든 문제를 혼자 처리하고 독단적으로 해결하려고 하지 마라. 위임할 수 있는 문제는 최대한 그들을 통해 해결할 수 있도록 가이드해 주고, 담임목사는 교회의 비전과 나아갈 길을 이루기 위해 해야 할 것이 무엇인가를 찾아가는 비전 지향형(설정형) 문제를 다루는 지도자가 되어야 한다.

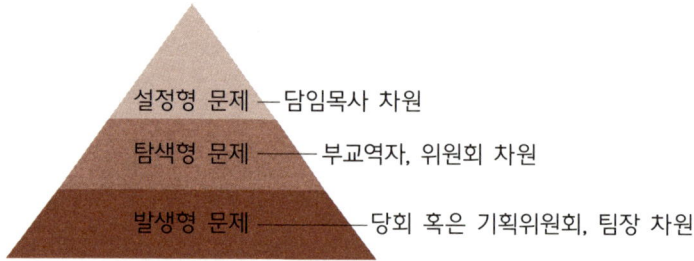

청정문해(聽情問解)는 담임목사가 구비해야 하는 자격요건이 아닐 수 없다. 자기 개발은 이러한 역량을 키우는 것을 말한다. 듣고 또 듣고, 기꺼이 공감하고 묻고 또 물어 다가올 일들에 대한 해안(解眼)을 길러가는 하나님의 사람이 되자. 이것이 영적 리더십이다.

 # 담임목사여 자신을 직면하라

누군가를 위해 살아야 한다는 강박관념으로부터 자유할 때 비로소 자기를 직면하게 된다. '도대체 나란 누구인가?'에 대한 명확한 자아상을 갖고 살아가는 이를 보기 어렵다. 사역 가운데 비춰지는 모습이 자기인 것 같기도 하고 사람들의 일방적인 평가로 가면 쓴 자기를 진짜 자기로 착각하기도 한다. 영적 지도자는 자기를 직면하는 자다. 자신을 알아야 한다. 자기를 알지 못하면 전쟁에서 이길 수 없다. 사역은 영적 전쟁이다. 지피지기(知彼知己)면 백전백승(百戰百勝)이다.

나는 유일하다. 나답게 살아가야 한다. 타인에 의해 만들어진 내가 아니며 타인처럼 만들어진 나도 아니다. 나를 알아야 나만의 사역을 창조할 수 있다. 하나님께서는 나를 부르셨고, 나에게 주신 사명을 가장 나답게 감당하길 원하신다. 이 세상에 단 하나밖에 없는 자신의 사역을 감당하는 영적 지도자가 되어야 한다.

자신을 직면하기 위한 법칙을 제시한다.

■ 자신만의 사역을 하라.

남의 사역을 그대로 답습하지 말고 그 원리를 배워 자신의 것으로 소화하고 자기다운 것으로 녹여내는 것이다. 다음과 같은 질문에 답하여 보라.

- 내가 가장 잘 할 수 있는 사역은 무엇인가?
- 다음세대에 필요한 사역은 무엇인가?
- 인근에 위치한 지역교회와 어떻게 차별화를 이룰 것인가?
- 내 강점은 무엇인가?
- 나는 교회를 세우기 위해 무엇을 준비했는가?
- 어떤 상황이 와도 묵묵히 걸어갈 나만의 사명은 무엇인가?
- 그 사명을 이루기 위한 나의 준비는 무엇인가?

이러한 질문에 긍정적인 답이 있기를 바란다. 향후 사명의 길을 걷는 중 장애물을 만나고 방해와 태클에 걸리고 타협의 욕구에 시달릴 수 있다. 그래도 하나님이 이 땅에 나를 부르신 목적이 퇴색되지 않게 하라.

■ 일반적인 통념으로 자신을 바라보지 말라.

보편적인 기준은 기준이 될 수 없다. 우리는 각기 다르게 만들어진 수공품이다(엡 2:10). 보편적이라는 것은 사실 그릇된 것이다. 우리는 각기 다르게 만들어져 이 땅에 왔고 다른 은사와 재능 그리고 사명을 받았다. 그리하여 어느 집단의 통념이 나 자신에게 그대로 적용될 수 없다. 소위 성공한 목회자들이 자신의 사역을 소개하면서 '이대로 하면 된다'라고 역설한다. 그러나 그대로 했지만 그대로 재현되지 않았다. 일반적인 통념의 오류에 빠지지 말고 유일한 자기 자신을 고집스럽게 직시하도록 해야 한다.

■ 주인답게 삶을 살아라.

자기 인생은 100% 본인의 책임이다. 그에 걸맞게 살고 있는가? 결코 자신의 삶에 수동적인 방관자가 되어서는 안 된다. 자신의 인생에서만은 자신만이 유일한 CEO이다. 삶의 주인이 된다는 것은 자신의 강점, 단점, 기회와 위험을 알고 은사와 재능을 이해하고 자기 준비와 기질을 분석하는 것을 의미한다. 인생의 주인은 하나님과 자신뿐이다.

■ 복합적인 시간을 운용하라.

복합적이란 과거로부터 배우고 현실을 직시하며 다가올 미래를 대비하는 자세를 말한다. 현실의 불을 끄기에 급급하여 내일을 준비하지 못한다면 장기적인 관점에서 많은 어려움을 겪게 될 것이다. 눈앞에 일어나는 현상을 해결하기 위해 사역하다 보면 내가 지금 무슨 사역을 하고 있는지 의문이 들 수밖에 없다. 사역은 방향

SWOT 목회자

	강점 (S) Strength	약점 (W) Weakness
	-추진력, 지구력 높음 -대인관계 능력 좋음	-자기관리 부족 -자기계발 약함
기회 (O) Opportunity -군장교 생활 -주변 교회 활동성 낮음 -목가적인 교회 환경	SO 전략 -특성화 -교회하드웨어 활용 -동네를 뛰어 넘는 사역	WO 전략 -Self-Leadership
위협 (T) Threat -안주 -동네교회 이미지	ST 전략 -본질 상실 우려 -자기 브랜드 추진	WT 전략 -목사 안수 받기 전 목회 브랜드화

SWOT

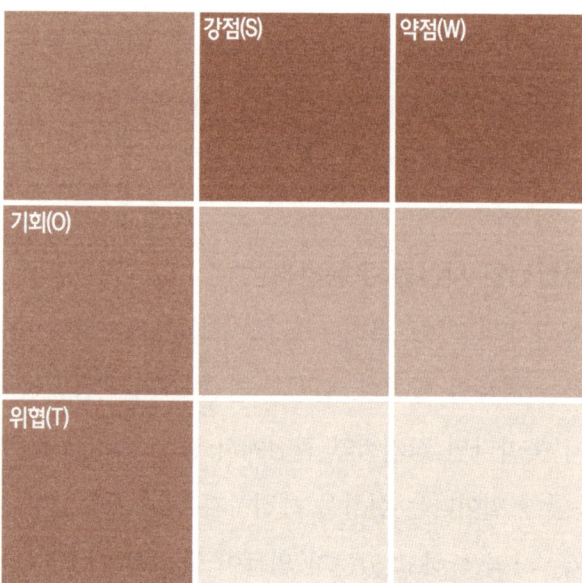

	강점(S)	약점(W)
기회(O)		
위협(T)		

을 향해 걸어가는 것이다. 그 길을 걷는 중 만나는 여러 가지 현실적인 문제를 거시적인 사고와 미래지향적인 사고로 바라보는 것이 필요하다. 이것을 복합적인 시간 운용이라고 한다. 큰 그림의 시간 여행을 하는 사역이 되어야 한다.

■ **배움의 기회에 항상 자신을 노출하라.**

백천학해(百川學海). 모든 시내가 바다를 배우는 까닭은 바다가 낮은 곳에 있기 때문이다.

배운다는 것은 자기를 낮추는 것이다. 가르치는 것도 같다. 많은 리더들이 정작 필요한 순간에 좀처럼 배우려 하지 않는다. 남의 충고나 가르침에 불쾌해하거나 불편해한다. 나이가 들수록 저절로 혜안이 생긴다고 착각하기 쉽다. 더욱이 배울 것이 많다는 것을 무척이나 창피하게 생각하기도 한다. 배운다는 것은 나약함을 인정하는 것이 아니다. 자기를 직면하는 자는 배우는 자다. 배우는 자는 가르치는 자이며 가르치는 자는 배우는 자이다.

한국 교회가 희망을 갖기 위해서는 영적 지도자들이 본질에 근거한 기본기 학습에 자신을 드려야 한다. 특히 대형교회 목회자일수록 배움의 자리에 그 모습을 드러내는 겸허함을 보고 싶다. 이날이 되면 희망의 화살이 한국 교회에 다다를 것이다.

■ **항상 성장할 수 있도록 사역의 멘토를 두라.**

자신을 객관적으로 바라보기 위해 마지막으로 제안하고 싶은 것은 사역의 멘토를 두는 것이다. 홀로 서 있는 사역지에서는 스스로 함몰될 가능성이 매우 크다. 지극히 자기중심적, 주관적으로 편향될 수 있기에 교회 사역을 코칭할 수 있는 사역 코치 또는 인생의 문제를 함께 풀어가는 멘토를 두어야 한다. 자기 옆에 전문가를 두라. 그들과 상의하고 자신을 객관화할 수 있도록 도움을 받으라. 항상 성숙하는 사람은 영적인 멘토를 기꺼이 두는 목회자이다.

자신을 직시할 수 있는 목회자는 행복한 리더다. 세월을 아낄 수 있다. 실수와 시행착오를 현격히 줄일 수 있다. 자기 혁신이 용이하고 하나님 앞에 올바르게 설 수 있다. 담임목사의 최우선 직면 대상은 하나님 앞이지 않겠는가?
'코람데오는 하나님 앞에서의 자기 직면이다.'

 # 자신을 바라보는 프레임을 바꾸라

놀이를 하는 인간을 의미하는 호모 루덴스(Homo ludens)는 고대, 생각하는 인간을 뜻하는 호모 사피엔스(Homo sapiens) 17세기, 요즘 들어 많이 듣게 되는 호모 에코노미쿠스(Homo economicus)는 산업화가 시작되는 18세기 이후에 주로 부각되었다. 인류의 인종을 호칭하는 것이 변화를 이루어 온 것처럼 우리 각자의 정체성도 지속적으로 변화하게 된다. 사람에 대한 평가가 달라지는 것이다. 자신에 대한 자기 평가도 이와 같이 달라져야 한다. 자기를 바라보는 시각을 고정된 프레임에 적용하지 말고 변화를 받아들이는 탄력적인 프레임을 가져야 한다.

흔히 세 가지 유형으로 리더를 평가한다.

■그 자리에 있어서는 안 될 리더

있으면 있을수록 공동체를 위해 별로 도움이 안 되는 리더이다. 사역하는 동안 득보다는 실이 많은 사람이다. 남을 위한 희생보다 자신의 사리사욕만을 생각하는 리더, 자기 경력을 쌓고 욕망과 명예를 위하여 공동체가 성장해야 된다고 생각한다. 모든 실패는 타인의 몫으로, 성공적인 사역의 결과는 본인에게 돌리는 리더가 이 유형에 속한다.

■ **그 자리에 있으나마나 하는 리더로서 있으면 좋지만 없어도 큰 문제가 없는 리더**

나서지도 않는다. 중간이라도 갈 수 있다고 생각하기 때문이다. 하나님의 뜻과 미션을 따르기보다는 구성원의 눈치를 살피고 비위를 맞추어 자신의 직위를 유지하고자 한다. 겨우 밥값 하는 정도로 일한다. 이는 삯꾼이다. 적당주의가 팽배하여 자신을 죽이는 리더이다.

■ **반드시 있어야만 하는 리더**

그 자리에 없어서는 안 되는 리더이다. 어느 곳이든 필요로 하는 리더, 아픔과 곤고함에 처한 교인들과 언제나 함께하는 리더, 남의 아픔을 자신의 아픔으로 느끼며 진심으로 사랑하는 리더, 공동체를 위해 진심으로 순수하게 헌신하는 리더, 공동체의 필요를 공급하고 그들의 애환을 고스란히 감싸고 나누고 동거하는 리더, 바로 이러한 리더로 자라가야 한다.

지금 자기의 모습이 비록 비관적이라 할지라도 반드시 있어야만 하는 리더로 살아갈 자기 헌신이 있어야 한다. 그러기 위해서는 먼저 프레임을 통해 자신의 현주소를 직시해야 한다. 사람은 누구나 생각을 통해 사물과 상황을 인식하기 때문이다. 그러한 생각은 철학이 되고 철학은 하나님 앞에서 자신의 신념(信念)이 된다.

프레임(Frame)은 인간이 성장하면서 생각을 더 효율적으로 하기 위해 생각의 처리 방식을 공식화한 것을 뜻한다. 하나님 앞에서의 프레임, 교회 공동체를 바라보는 프레임, 담임목사로서 자기를 관찰하는 프레임, 이것은 영적 지도자에게 필요한 프레임이다. 반드시 필요한 리더는 타인 중심적이다. 최우선은 하나님 중심이고, 그 다음은 교인들 중심이다. 철저히 자기중심적인 프레임에서 벗어나야 한다. 자기를 벗는 것, 그것이 진정한 리더의 자격이다. 성경적이면서 선명한 프레임을 가진 영적 리더, 그는 건강한 교회를 세워가는 하나님의 사람이다. 담임목사의 존재는 그저 있어도 좋고 없어도 괜찮은 리더가 아니다.

나는 커피를 무척이나 좋아한다. 커피하우스에 가면 사람들이 별로 찾지 않는 커피가 항상 눈에 띈다. '에스프레소'이다. 에스프레소(Espresso)는 Express와 같은 의미이다. 원두로부터 직접 뽑아낸 진한 커피이다. 작은 커피 잔에 담아 나오는 많은 양이 아닌 에스프레소는 매상에 영향을 주지 않는 메뉴이지만 모든 커피하우스마다 다 있다. 왜일까?

그 이유는 에스프레소가 모든 커피의 본질이며 근간이기 때문이다. 에스프레소로 마키아토, 카푸치노, 라떼 등을 만들어 낸다. 소리 없이 모든 커피 맛을 내는 원재료가 되어 커피의 향과 맛, 매력을 만들어 낸다. 에스프레소 자체는 우유나 초콜릿에 묻혀 있지만 에스프레소로부터 그 맛이 좌우된다. 이처럼 영적 리더는 그가 있는 곳에 그리 드러나지 않아도 다양한 맛의 하나님의 사람들을 세우는 에스프레소처럼 진하고 매력 있는 리더가 되어야 한다.

프레임! 바른 생각의 길!
주님 안에서 정돈된 리더, 그가 바로 담임목사이다.

 # 사역의 유연성을 익히라

피터 드러커는 "모든 실패의 원인은 계획하지 않고 행동하는 것이다"라고 말한다. 그리고 브라이언 트레이시는 "사업을 할 때는 무엇보다 먼저 계획을 세우고 또다시 계획을 세우고, 계획을 따라 원하는 결과를 얻을 때까지 지속적으로 계획을 세워야 한다"라고 말한다. 그러면서 리더십의 실패 원인을 두 가지로 두는데 하나는 미리 계획을 세우지 않고 있기 때문이고, 다른 하나는 어떤 이유로 계획이 효과를 거두지 못할 때 그것을 수정하지 않기 때문이라고 설명한다.

두 사람의 조언처럼 매사를 계획에 따른다는 것이 그리 쉬운 일도 아니고, 사역이라는 것 자체가 유동성이 강하고 계획한 것과 관계없이 진행되는 경우가 다반사이다. 자꾸 통제력을 상실하고 당황하게 된다.

그래서 사역의 유연성이 필요하다. 유연성이란 처음 세웠던 계획을 일부분이라도 아니면 전체적으로든지 재수정하여 다시 추진할 수 있는 대응력이다. 일관성도 중요한 요소이지만 때로는 무모한 일관성 때문에 좌절될 수도 있다. 변화되는 상황에 따라 언제든지 유동성을 갖고 사역을 꾸리는 자세가 필요하다.

만약, 어느 정도 성장과 성숙을 이룬 담임목사라면 미래 대응을 위해 더욱 유연성이 요구된다. 끈질긴 승부욕도 있어야 하지만, 이제는 한 발 뒤로 물러나 지금까지 진척된 사역을 스크린해 보는 시간, 숨고르기 시간을 갖는 것이다.

유연성은 느리게 하는 것과 전혀 다르다. 보다 나은 진전을 위한 두드림이라 할 수 있다. 교인들 중 다수가 담임목사에 대한 평가를 쉽게 하고, 사역의 성공과 실패에 민감하게 반응하기 때문에 담임목사에게는 엄청난 중압감이 된다. 리더십의 위기까지 초래되는 경우도 있기 때문에 두드림의 유연성이 필요한 것이다.

사리의 옳고 그름만을 따지는 흑백논리가 아니라 상황에 따라 회색지대에 머무는 것이 리더십에 도움이 될 수 있다. 담임목사는 깐깐함이나 예리한 잣대보다는 유연함이 기대되기도 한다. 담임목사는 언제나 '을의 위치'에 있어야 한다. 교인을 위하여 교회를 위하여 담임목사는 갑이 아니라 을이다. 을이어야 한다.

섬기는 직분이 담임목사이다. 담임목사를 위해 교인들이 필요하거나 담임목사를 위해 교회가 존재하는 것이 아니라, 그 반대로 교회와 교인들을 위하여 담임목사가 필요하다. 을은 섬기는 자이며 자기주장과 자기중심으로 이끌지 못한다.

그렇다고 비위를 맞추라는 것이 아니다. 때로는 강력한 리더십으로 때로는 섬김의 리더십의 유연성으로 기꺼이 을이 되고자 하는 자세가 담임목사의 자격이다.

 # 가치를 통섭하라

지금은 가치경영 시대다. 사람들은 가치를 창출하고 그들이 추구하는 가치에 따라 삶을 영위한다. 가치는 삶의 기준이며 그 가치에 따라 신념을 결정하고 신념에 따라 모든 것을 선택한다. 교회야말로 세상을 앞선 가치를 좇는 가치로 이루어진 공동체다. 하나님 나라의 절대 가치로 모든 사역이 일치되어 있기 때문이다. 교인들이 벗지 못한 세속적인 가치를 하나님의 가치로 혁신하게 하고, 세상이 주는 어떤 가치보다 살맛나게 하는 진정한 사역의 현장이 교회이다.

담임목사의 설교는 가치 전환의 결단을 촉구하는 동기부여가 되고, 교회의 모든 훈련은 지식 전달이 아닌 성경을 공부하는 하나님의 사람들을 양성하고 제자를 키우는 삶 자체가 된다. 신앙생활 연수가 대략 3년 정도 되면 교인들의 가치는 '자기 중심'에서 '주님 중심'으로 바뀌어야 한다. 제자훈련이란 교인의 기능을 강화하거나 사역의 기술을 전수하는 것이 아니라 목숨을 내놓더라도 하나님을 위해 살도록 하는 것이다.

절대가치는 하나님의 영광과 하나님의 나라에 있다. 그러나 **최고가치**는 사람마다 다 다를 수 있다. 그 사람의 최고가치를 쉽게 알 수 있는 방법은 시간과 돈을 어느 곳에 가장 많이 투자하는지 따져보면 된다. 외모에 최고가치를 두는 사람은 헬스, 운동, 마사지샵 등에 시간을 아낌없이 할애하고, 옷이나 가방, 구두, 액세서리 등에 돈을 과감히 사용할 것이다. 당신은 시간과 돈을 어디에 사용하는가?

만약, 시간과 돈을 자신만(자기 가족도 자신에게 포함될 수 있다)을 위해 사용한다면, 자기중심적인 에고이스트일 가능성이 높다. 박애주의자들은 시간과 돈, 에너지를 불우한 이웃을 돌보는 일에 드린다. 최고의 가치를 어디에 두느냐에 따라 그 사람의 삶의 질이 결정된다.

성도들에게 가치를 명확히 전달해야 한다. 숭고한 가치를 알게 하고 가치를 찾아 그렇게 살아가도록 동기부여 해야 한다. 그러므로 가장 먼저, 담임목사 스스로 자신의 가치를 선명하게 규정하자. 가치대로 살아가는 본을 보여야 한다. 바로 이렇게 살아가는 것이 하나님 나라의 가치를 좇아 살아가는 것임을 삶으로 보여 주자. 가치는 성숙하고 진화한다. 학습과 훈련으로 변화하고 숭고한 삶을 살게 해 타인에게 영향력을 미치게 한다. 가치는 그 사람의 사람됨을 증명한다.

어떻게 해야 교인들이 가치를 발견하고, 하나님 나라에 최고의 가치를 두도록 삶의 목적과 방향을 바꾸어 줄 수 있을까? 우선, 일반적인 사람들이 어떤 가치를 따라 사는지 알아야 한다. 그들이 지금 어떤 가치에 따라 자기를 드리며 사는지 알아야 그것을 토대로 가치를 전환할 수 있다. 교인들의 가치를 수렴, 통섭하는 것이다. 통섭이라는 단어는 '큰 줄기를 잡다'라는 뜻이 있다.

일반적으로 사람들이 갖고 있거나 갖고 싶어 하는 가치 발견 명제를 소개한다.

궁극적 관심	생명, 시간, 돈, 미래
향상하고자 하는 것	기능, 성능, 용이함, 체면, 권력, 신분 상승, 신뢰, 성숙
제거하고 싶은 것	좌절, 고통, 아픔, 성가심, 고민과 걱정, 투자, 학습 부담, 오류, 실수, 변화 거부, 죽음
사람들의 갈구	활동, 당면과제 해결, 외모, 지위, 신분 상승, 미래 보장, 행복, 즐거움, 탐미, 기쁨
기본적인 욕구 충족	의식주, 생리적 욕구, 안전, 소속, 존경, 자아실현
최고의 가치	돈, 부동산, 취미, 사회적 성공, 높은 지위, 꿈의 실현, 즐거움, 오락, 갖고 싶은 것, 이성, 사람, 성공, 업적

가치 통섭을 통해 교인들을 이해하고 공감을 이뤄나가야 한다. 교인들의 가치를 분석하고, 또한 지역민들의 일반적인 가치를 분석한 도표를 작성해 가치 변화를 위해 무엇을 해야 하는지 연구하는 것 또한 담임목사 본연의 사역이라 할 수 있다. 연구 없이는 발전할 수 없다.

4부
*자격*을 갖춘 **담임목사**

어찌 담임목사의 자격을 논할 수 있겠는가? 누구도 담임목사의 자격을 말하기를 꺼려한다. 각 교단의 헌법에 나오는 담임목사의 표면적 자격이 아니라 내면적 자격을 말하고 싶다. 담임목사의 자격 중 가장 중요한 자격은 '하나님의 부름에 합당한 자이다. 하나님의 부름에 응하고 그 부름에 자신을 헌신하는 자이다. 사람들을 하나님께서 원하시는 사람이 되도록 훈련하는 영적인 코치이다.

주님의 제자가 되도록 훈련하는 역량이 있어야 한다. 교회 공동체의 최고 지도자이기에 공동체를 경영하는 능력을 갖추어야 한다. 하나님의 음성을 듣는 사람이어야 하며 영적으로 예민하고 성령님의 인도하심에 즉각적으로 반응하는 사람이어야 한다. 가난한 심령으로 그리스도로 옷 입고 온유함과 겸손함으로 첫째도 하나님, 둘째도 하나님, 하나님께 사로잡힌 자이다. 그에게는 언제나 교인들의 성숙과 자라남, 그들을 온전케 하는 데 갈망과 갈증이 있다. 언제나 기본에 충실한 그런 담임목사이다.

 ## 기본이 답이다

　자주 실의에 빠지거나 문제에 봉착한다고 느끼는가? 그렇다면 지금, 자기의 기본기를 체크해 보자. 자신을 되짚어보아 모든 일에 대한 기본기가 바로잡혀 있는지를 확인해야 한다. '열심'이 '특심'은 아니다. 바르게 가야 하고 기본에 충실해야 한다. 이런 기본 훈련이 견실해야 그 토대 위에 자신의 브랜드를 세워갈 수 있다.

　자신을 세우는 초석은 기본기를 다지는 것이다. 기본이 모든 문제와 삶의 답이다. 무엇을 하고자 할 때도 어떤 일을 도모하고자 할 때도 기본적으로 무엇이 필요한지를 먼저 알아야 한다. 기본이 준비되어 있는지를 확인하자. 기본을 배제하고 무엇을 추진하면 반드시 어려움을 겪는다.

　20년간 승률 85%, 256승이라는 경이적인 기록을 세운 미국 풋볼 리그의 전설적인 감독 '보 스켐베틀러'는 10번의 경기 중 8-9번은 이기는 게임을 한다. 그러한 경이로운 결과는 '성실'과 '시간 엄수', '팀워크'라는 3가지의 기본원칙에 충실해 팀을 운영했기 때문이다. 그는 "뛰어난 기술을 가진 사람은 얼마든지 있지만 제아무리 뛰어난 재능이 있어도 최고의 팀을 이길 수 없다. 최고의 팀은 성실하고 시간을 잘 지키며 서로를 세워가는 팀워크를 중요시하는 팀이다"라고 하였다.

자신이 하고자 하는 사역에 실수가 반복되고 어려운 일이 생긴다면 달리는 것을 잠시 멈추고 자신이 하고 있는 일에 대한 기본이 바로잡혀 있는지를 점검하자.

그러기 위하여 사역의 기본을 이해하는 것이 필요하다.

담임목사의 기본 사역의 원형은 다음과 같다.

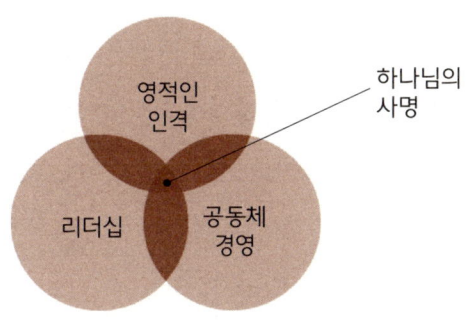

담임목사는 자아 성취(성공)가 목적이 아니라, 하나님의 비전을 이루기 위한 사명자임을 인식하고 자신의 사명을 점검해야 한다. '지금 내가 하고자 하는 이 사역은 과연 하나님을 위한 것인가? 아니면 나 자신을 위한 것인가?' 묻고 또 물어야 한다. 항상 이 질문으로 하나님 앞에서 자신의 실존을 인식해야 한다. 이것이 첫 번째 기본이다.

그리고 '영적인 인격'을 갖는 것이 또 하나의 기본이다. 영적인 인격이란 주님 닮은 영성을 의미한다(빌 2:5). 그분의 마음을 품고 주님의 가슴과 심장으로 하나님의 사람들을 대하고 주님처럼 기꺼이 십자가를 지는 섬김의 영성을 소유한 인격자여야 한다. 자신의 인격을 점검해야 한다. 인격이란 무엇인가? 인격은 "아무도 보지 않는 곳에서 당신은 누구인가?"이다. 인격은 자신이 가장 잘 아는 자신의 내적 모습이며 겉으로 드러나는 자신의 품성이다. 성품은 자신의 인격을 엿볼 수 있게 한다.

담임목사의 기본 중 하나는 리더십이다. 리더십은 영향력으로 이끄는 힘이다. 담임목사는 리더(Leader)이다. 리더들의 리더이다. 목사의 권위나 직위의 힘으로 영향력을 발휘하는 것이 아니다. 영성과 인격, 하나님의 사람다움으로 사명에 불타는 모습으로 주님처럼 십자가의 헌신으로 섬기는 그 섬김의 리더십으로 이끄는 것이다. 이렇게 교인들을 이끌고 있는가?

마지막으로, 담임목사의 기본은 교회 공동체의 경영 능력이다. 사람들이 모이는 교회도 역시 비영리 공동체이다. 모든 공동체는 그 공동체를 경영해야 한다. 조직경영, 인사경영, 시스템 경영, 기획경영, 브랜드경영, 가치경영, 행복경영 등 교회 공동체를 경영하기 위한 담임목사의 경영 원리를 확인하고 기본기를 점검하는 것이 필요하다.

사명, 영성, 인격, 리더십, 교회 공동체 경영 원리를 점검하고 이 기본을 토대로 우선순위를 다시 정하는 것이다. 우선순위 하나만으로도 자신의 문제 해결에 상당한 도움을 받게 된다. 우선순위를 정하는 방법은 우선 자신이 할 일들의 목록을 작성하고 그것을 본질과 비본질로 구분한다.

본질의 일이 우선이다. '본질의 일'을 구분하였다면 그 본질의 일 중 급한 것과 중요한 것으로 나누라. '중요한 일'이 우선이다. 급한 일을 뒤로 하고 중요한 일에 그 중요도에 따라 번호를 기록한다. 기록된 순서에 따라 사역에 임한다. 대체로 하루 전날 취침 전에 작성하는 것이 다음 날의 시간과 에너지를 효율적으로 활용할 수 있다.

백화점을 운영하는 경영자들은 백화점 매출의 80%가 20%의 우량고객에서 나온다는 것을 알고 있다. 그래서 경영자들은 우량고객 20%에 대하여 관리를 철저하게 한다.

마찬가지로 담임목사가 감당하는 여러 가지 사역들을 재배열하고 우선순위를 정하여 담임목사 자신이 반드시 해야 하는 사역을 중심으로 중요한 것부터 처리하는 지혜로움이 있어야 한다. 우선순위에 따라 살아가기 위해서는 지속적으로 우선순위에 따라 살아가는 훈련이 필요한 것이다.

훈련과 연습만이 자신을 성숙시킨다. 운동선수든 예술가든 최고의 기량을 발휘하기 위해서는 기본기와 기초 훈련에 많은 시간을 드린다. 기본은 성장을 방해하는 것이 아니라 더욱 견고하게 되고 성공을 보장한다.

"하루 연습하지 않으면 자기가 알고 이틀을 연습하지 않으면 동료가 알고 사흘을 연습하지 않으면 청중이 안다." 그렇다. 자기 훈련 중 가장 중요한 훈련 중 하나가 기본에 충실하는 훈련이다. 특별한 무엇인가를 하기보다 목회의 기본, 삶의 기본, 영성의 기본, 리더십의 기본, 사역자의 기본에 따라 하루하루를 충실하게 사는 것보다 더 중요한 것이 없다.

기본기가 모자란 담임목사는 어느 정도 수준에 올라가면 한계에 부딪친다. 기본이 충실한 사람은 한계에 도전하는 것 자체가 성공임을 안다. 기본 훈련은 초보자가 하는 것이 아니다. 무엇을 하든지 기본기 없이는 이내 무너진다.

기본과 기법은 다르다. 기본은 본질에 대한 탐구를 해야 알 수 있는 것이지만 기법은 본질을 구현하는 한 가지 방법일 뿐이다. 탁월한 리더는 본질을 탐구하면서 기본에 충실하지만 아마추어일수록 기본기는 다지지 않고 곧바로 써 먹을 수 있는 기법 개발에 온 신경을 쏟아 붓는다. 탁월한 리더는 언제나 한 시대를 바라보는 기본기를 다진 다음 그것을 구현하기 위한 구체적인 기술이나 기법을 연마한다. 언제나 기본이 우선이다.

"디테일에 대한 부등식은 100-1은 99가 아니고 0이다.
공들여 쌓은 탑도 벽돌 한 장이 부족하여 무너지고
1%의 실수가 100% 실패를 부를 수 있다."
- 왕중추(기업 컨설턴트)

이제 사역을 위해 달려가는 것만이 능사가 아니다. 잠시 하던 일을 뒤로 하고 멈춰서서 모든 것의 기본을 점검하는 시간을 갖길 바란다.

"많은 비기너들이 스윙의 기본을 이해하기도 전에
스코어를 따지려 든다.
이것은 걷기도 전에 뛰려는 것과 같다."
- 진 사라젠(미국 골퍼)

 # 변곡점에서의 사고로 전환하라

사고의 전환점은 우리 각자에게 다가오는 문제에 직면할 때 일어난다. 곧게 가는 길을 돌아갈 때가 이때이기도 하고 둘러가는 길을 돌아서 직선으로 가야 할 시점이 이곳이기도 하다. 그래서 변곡점은 생의 전환점이기도 하고 기회점이라고도 한다. 그런데 그 변환의 기회를 잃으면 많은 것을 놓치기 때문에 생의 변곡점을 잘 간파해야 한다. 자기 연구를 거듭하고 자기 분석을 통한 객관화의 시각을 통해 변곡점의 사고로 전환해야 한다. 고뇌와 잠 못 이루는 밤 없이는 새벽의 환희를 맛볼 수 없다.

그럼 변곡점 사고란 무엇인가?

1. 원점 사고이다.

지금 가는 길이 정도가 아니고 본질에서 벗어났다고 생각되면 과감하게 가는 길을 멈추고 돌아서서 방향을 전환해야 한다. 인간의 본성 가운데 '경로 의존성'이라는 것이 있다. 한번 경로가 결정되면 그다음에는 아무런 의심 없이 그냥 그대로 가는 성향을 말한다. 익숙하거나 편안함에 길들여진 길을 걷는 것이 그저 좋기 때문이다. 그냥 그대로 가다보면 좋을 것 같다. 이것을 '타성의 법칙', '자기 의존성의 법칙'이라고 한다.

현재 감당하는 사역이 3년 동안 정체되어 변동이 없다면 정지점에 서 있는 것이다. 그 정지점에서 자기 혁신을 도모한다면 점지점이 변곡점으로 바뀔 수 있다. 무작정 달려가는 것이 능사가 아니다. 잠시 멈춰 서라. 자기 반성, 사역의 반성, 근원과 본질을 떠올리는 사고의 시간이 필요하다. 이것이 원점 사고이다.

원인을 분석하고 이런 결과가 도래된 그 배경을 캐묻고 지금의 사역이 얼마나 지속 가능한지를 냉철하게 판단하라. 그냥, 그저, 그 자리에 서 있지 말라. 그 지점이 바로 변곡점이다.

2. 블루오션 사고이다.

프랑스 철학자 베르그송은 1907년에 펴낸 《창조적 진화》라는 책에서 위대한 창조가 이루어지는 과정을 '엘랑비탈'(elanvital)이라는 개념으로 내놓았다. 엘랑비탈은 도약 또는 약동이라는 의미의 '엘랑'과 생명을 의미하는 '비탈'의 합성어로 '생명의 도약을 이루는 근원적인 힘'을 의미한다. 누구나 가는 길, 누구나 갈 수 있는 길을 통해서는 기회를 발견할 수 없다.

창조적인 사역이 되기 위해서는 자기만의 길을 걸어야 한다. 유행하는 사역이나 프로그램을 그대로 따라가는 것은 자신을 고유하게 부르신 하나님의 의도와 반하는 것이며 뻔한 사역이 될 바에는 그냥 그 사역과 프로그램을 잘 운영하는 목회자에게 양도하는 것이 교회를 위하여 바람직하지 않은가?

하나님께서 각자를 부르셨다. 각자는 모두가 다르다. 그리고 달라야 한다. 목회의 근본과 유일한 존재목적인 하나님의 영광은 동일하지만 그것을 이루기 위한 개 교회는 담임목사와 그 교회만의 고유한 사역의 이미지로 세워가야 한다. 이제 한국교회는 타 교회 모방을 벗어나 자신만의 그 교회와 담임목사의 색깔에 따라 다른 지체의식을 갖는 교회들로 세워져야 하고 탈바꿈해야 한다. 이것이 블루오션 사고이다.

3. 학습적 사고이다.

탁월한 리더의 구성 요소 중 하나는 학습의 능력이다. 실력은 하루아침에 나타나지 않는다. 부단한 연마의 과정을 통하여 나타난다. 실력 없이는 창조적 사역도 변곡점의 역사도 만들어 낼 수 없다. 실력 있는 담임목사가 되어야 한다.

목회자의 실력을 단순히 학력과 커리어로 얘기하는 경우가 있는데 실력은 학력이 아니다. 그것은 화려한 경력도 아니다. 실력은 자기 내성 강화이며 영성의 깊음이며 폭넓은 세계관으로 세상을 바라보는 통찰력이며, 시대를 분별하는 능력이며 인문학적 사고와 지식을 갖고 말씀을 조망하고 교인들의 영적 필요와 삶의 욕구를 간파하여 진리로 이끄는 능력과 그 능력을 전파하여 설득하는 탁월한 동기부여를 가리킨다. 실력 있는 목회자가 되라.

한 번의 대형사고는 29번의 사고가 누적된 결과이며 29번의 누적된 사고는 300번의 사건이 누적된 결과라고 한다. 위대한 성공도 마찬가지이다. 한 번의 위대한 성공은 29번의 작은 성공으로 비롯되며 29번의 작은 성공은 300번의 실천을 반복한 결과로 드러나게 된다. 남들이 보기에는 저절로 어느 날 갑자기 어떤 결과가 나타나는 것으로 보이지만 실상 그 뒷면에 있는 반복된 학습의 결과임을 잊지 않아야 한다. 눈에 보이는 결과는 눈에 보이지 않는 노력과 학습의 결과임을 잊지 않아야 한다.

 # 심령에 고픔이 있는가?

외로움과 다른 슬픔, 슬픔의 저 밑에는 고픔이 있다. 이것을 갈함이라 하기도 한다. 연민과는 다르다. 고픔은 슬픔을 넘어선 더 높은 가치를 향한 몸부림이며 내적인 열정이다. 아쉬움도 아니며 더욱이 모자람은 결코 아니다. 무엇에 대한 고픔이어야 할까? 사람, 사랑, 배려, 공감, 공의, 돌봄, 섬김, 존중, 아름다움, 인간다움, 하나님의 나라, 하나님의 영광, 평화, 희망, 사명 등 사람이 사람다워지게 하는 본질적인 가치에 대한 갈함이다. 이것은 세속적인 갈증이나 욕망이 아니다.

돈, 권력, 지위, 성공, 아파트 크기, 유명한 교회 부임, 교인의 수, 성장의 동력, 학벌, 커리어에 대한 세속적인 욕망과는 완전히 다르다. 진정한 슬픔은 세속적인 가치 한가운데 살고 있는 자신을 발견하는 것이며, 그 슬픔을 넘어 심연 깊은 가치로 가는 것이 고픔이다. 사람다운 사람으로 본질적인 가치를 추구하지 못하고 그리 살지 못하는 것에 대한 슬픔이 있다면, 그는 슬픔을 간직한 자이며 그는 고픔 속에 존재하는 영적 리더이다. 이는 진정한 하나님의 사람임을 드러내는 증거가 된다.

고픔을 깊게 느낄수록 우리는 인간다움의 의미를 알게 되고 살아 있는 영적 리더로 드러나게 된다. 깊은 고픔을 간직하며 그 고픔을 느끼며 추구하며 살아가는 살아 있는 심령이길 바란다. 사람이 내면의 슬픔을 느낀다는 것만으로도 아주 훌륭하다. 더 나아가 깊은 고픔을 간직한다는 것만으로도 영적 리더의 강력한 리더십이 된다. 고픔은 영적인 풍요로움을 준다. 고픔이 없어 애통해 하고 슬퍼하는 리더가 되어야 한다.

가슴이 고프고
영혼이 고픈 삶
이것이 진정 살아 있는 사람의 갈함이다.
영혼이 고파 갈하는 영적 리더로
오늘을 사는 목회자가 되었으면 한다.

영혼의 갈함은 그 어떤 것으로 채워지는 것이 아니다. 하나님으로 만족하는 고픔이다. 하나님 한 분만으로 족한 고픔이다. 하나님을 위하여 자신을 드리는 것이 최고의 기쁨이며 고픔이다. 하나님을 향한 갈함 그것이 영적인 고픔이다. 심령이 가난한 자가 복이 있다. 심령이 고픈 자가 복이 있다.

4부 자격을 갖춘 담임목사

 우유부단은 리더십의 결핍을 초래한다

    미학과 긍정, 유머에 탁월한 미국의 전 대통령 고 로널드 레이건의 어렸을 때의 이야기이다. 강한 미국을 만들었던 단호한 이미지와는 달리, 어렸을 때 그는 아주 우유부단한 아이였다. 하루는 어린 레이건이 구두를 맞추기 위해 구둣방에 갔는데, 샘플 구두를 고르지 못했다고 한다. 두 가지 구두가 다 마음에 들었기 때문이었다.

    결국 레이건은 결정을 내리지 못하고 집으로 돌아왔고, 그 다음 주 다시 구둣방을 찾았지만 역시 망설이다가 어느 것 하나 결정하지 못하고 돌아왔다. 그 이유는 어느 것 하나 놓치기가 어렵기 때문이었다. 이런 레이건을 지켜보던 구둣방 주인이 빙그레 웃으며 말했다.

    "로널드! 하나를 고르기가 어려운 모양이구나. 그럼 이렇게 하자. 다음 주에 다시 오렴. 내가 구두를 맞춰 놓을 테니."

    그러기로 하고 레이건은 신나서 집으로 돌아갔고, 약속한 날짜에 레이건은 구둣방을 찾았다. 레이건을 반갑게 맞이한 주인은 창고에 가서 레이건의 구두를 가지고 와서 보여 주었다. 하지만 구두를 본 레이건은 울 것 같은 얼굴이 되어 버렸다. 그 구두는 레이건이 망설이면서 선택하지 못했던 두 개의 구두 한 짝씩인 구두였던 것이다.

당황한 레이건에게 구둣방 주인은 이렇게 말해 주었다.

"로널드, 무엇을 결정할 때는 단호해야 한단다. 단호히 결정하지 않으면 결국 이렇게 된단다."

어른이 된 레이건은 짝짝이 구두의 일화를 언급하면서 "그때 저는 스스로 결정하지 않으면 다른 사람이 내 결정을 대신한다는 사실을 알게 됐습니다"라고 회고하였다.

리더십에 있어서 결정은 가장 중요한 요소이다. 어느 것을 취하고 버리고 택할 것인가는 성공적인 사역의 분수령이 된다. 리더십은 단호한 결정이 수반된다. 담임목사는 매사에 선명하고 확고한 의사결정을 통한 리더십을 발휘해야 한다. 리더의 우유부단과 포기는 파멸로 이어질 수도 있다.

# 자신의 박스를 키워라
(Out of Box thinking)

　탁월함을 추구하는 자에게 있는 공통점 중 하나는 박스(Box)를 벗어나 지속적으로 변화한다는 것이다. 박스란 나의 지식과 경험이 담긴 생각의 틀을 의미한다. 그래서 나온 말이 'Out of box thinking'이다. 우리는 자신이 가지고 있는 Box에 의존하여 해석하고 사고한다. 박스의 크기가 클수록, 그 안에 많은 것이 담길수록 사물과 시대를 읽는 통섭적인 능력이 커지는 것이다.

　박스를 벗어난다는 것은 무엇을 의미할까? 그것도 아마도 현재의 박스(생각의 틀)를 더 큰 박스(생각의 틀)로 키워나가는 분골쇄신을 의미할 것이다. 지금 내 머리에 두르고 있는 상자를 뜯어내고 싶지 않은가? 탁월한 리더답게 생각하고 맡기신 양들을 어우르는 통섭적인 영적 지도자가 되는 방법은 무엇일까?

　결론적으로 말한다면, 자기 학습과 독서, 여행과 많은 경험 그리고 다양한 사람들과의 만남이다.

　독서는 아무리 강조해도 지나치지 않다. 독서와 학습 없는 리더는 어불성설(語不成說)이다. 수불석권(手不釋卷), 괄목상대(刮目相對)이다. 더 과격하게 말한다면, 독서와 지속적인 학습이 없는 자는 리더가 될 자격이 없다. 자신이 가진 지식의 한계를 넘지 못하기 때문이다. 나는 학습을 위해 무료온라인 강의 TED(TED.com)와 기독교 관련 사이트인 Oneplace.com을 통해 강의를 듣는다. 많은 도움을 받고 긍정적인 자극을 받는다. 다양한 강의를 듣는 것이 좋다.

사회문화적 트렌드로 멘토링 문화가 커지면서 TV에서든 인터넷을 통해서든 우리는 도전에 자극을 주고 생각의 틀을 깨뜨릴 만한 강연을 쉽게 접할 수 있다.

나는 학습할 것을 찾아 듣고 또 듣는다. 빈 시간을 활용하여 다른 이의 소리를 듣고 또 듣는다. 좋은 세미나 혹은 강연도 참석하여 나의 박스를 계속 키워나간다.

적어도 한 주간에 최소 2~3권을 읽으려고 한다. 독서의 기쁨은 나에게 새로운 아이디어와 내면적 열정을 가져다주는 귀중한 자산이기도 하다. 한 권의 책을 읽으면 한 가지 이상의 열정항목이 생긴다. 그것을 이루고 싶은 갈망이 나의 현실을 앞지르기 때문에 독서는 나의 사역이며, 나의 미래이며, 결국 나의 현실이 된다.

독서가 없는 사역을 상상할 수도 없다. 자신의 사역을 넓히고 싶거나 자신을 성숙시키고자 한다면, 반드시 독서를 통한 박스를 만들어 편협한 자기 기준의 생각의 틀을 벗어나야 한다. 독서는 우리 모두가 알고 있는 것처럼 간접적인 경험을 극대화할 수 있는 최고의 수단이자 가장 쉬운 방법이기 때문이다. 아울러 생각을 키우고 채우는 것뿐 아니라 우리 인생을 키우고 풍요롭게 하는 중요한 삶의 밑거름이 되는 것이다.

여행을 통해서는 공간적 한계를 넘을 수 있다. 나는 그래서 여행을 좋아한다. 아주 좋아한다. 시간이 주어지는 대로 아니 시간을 만들어서라도 나만의 여행 계획을 짜서 다닌다. 그러다 보면 세상이 얼마나 넓고 다양한지를 체화하게 된다. 그 나라마다의 문화와 사회 풍습 속에서 배우고, 그 나라가 갖는 독특한 삶의 방식을 통하여 나를 반추해 보고, 그 나라들만의 흥망성쇠를 역사관을 통해 배움으로 우리의 현실을 넘나들 수 있게 되어 통섭적인 사고를 가질 수 있다.

특별히 자유여행을 권한다. 그리고 반드시 그 나라의 역사박물관을 찾아 다녀라. 한국 사람들의 여행 패키지에는 민속 박물관 방문을 찾아보기가 어렵다. 여행은 자신의 공간적 사고를 넓혀나가는 아름다운 여정이 된다. 가능하다면 나 홀로 여행을 권한다. 철저한 외로움을 맛보며 그 안에서 자기성찰의 기회를 가질 수 있기 때문이다. 여행을 통해 만나는 낯선 이들과의 만남, 그들의 도움을 받고 도움을 주는 경험은 가장 아름다운 경험 중 하나라고 생각한다.

닫힌 박스 사고를 키우는 또 하나의 방법은 모임이다. 모임은 사람들과 더불어 함께 만드는 시너지이다. 모임의 현장에서 타인의 지식과 박스를 통해 매우 강력한 도전과 직접적인 자극을 경험할 것이다. 나를 넘어 탁월함으로 이끌 수 있는 모임에 참석하고 그러한 모임을 만들어라.

 # 평생 묵상하고 사색하며 성숙하는 독종이 되라

담임목사는 영적인 공동체, 교회의 리더이다. 사람들은 그에게 최고의 영성을 소유한 리더다운 면모를 기대한다. 최고의 영성을 소유한 사람, 그는 묵상하는 사색가와 같다. 세상을 향한 메시지는 깊이 있는 영적인 묵상과 세상의 수많은 일들에 대한 사려 깊은 사색을 통한 통찰력으로 전달되어야 한다.

영혼을 향한 묵상과 사색은 자신의 영적 에너지를 최고치로 끌어올리게 한다. 깊은 사색의 도구는 독서이다. 깊은 영성과 통찰력을 갖추고 싶다면, 더 나아가 자신의 성숙과 성장을 이루고 싶다면 독서의 지경이 넓어져야 한다. 사색가의 심장과 영적인 눈을 가진 자, 그 가슴과 시야로 성경과 세상을 관조하는 능력 있는 담임목사가 바로 교회의 리더이다.

당신은 독종인가?

《공부하는 독종이 살아남는다》(이시형 저), 《실패를 이겨내는 독종이 살아남는다》 등 책의 제목만 보더라도, 독종이란 강한 어휘를 사용할 만큼 세상은 살아남기 위한 강렬한 의지를 불태우고 있다. 비단 세상뿐이겠는가? 우리 사역자들은 생명을 주님께 드린 독종 중에 독종이라 할 수 있다. 세상 사람들도 고개를 절레절레 흔들게 만드는 복음에 미친 자들이다. 하나님의 사람들을 살리기 위해, 그들이 세상에서 살아남도록 사명에 헌신하는 독종이다.

■ **사명에 헌신한다.**

사명은 구체적인 임무 수행 영역을 말한다. 하나님으로부터 받아 자신만이 감당하고 있는 구체적인 임무이다. 담임목사는 사명이 아니다. 그것은 직위이다. 담임목사를 향한 하나님의 명령, 그것은 무엇인가?

■ **선명한 목표가 있다.**

적당하게 그날그날의 사역을 넘겨버리는 것이 아니라 뚜렷한 목표로 사역에 임해야 한다. 사명과 목표는 함께 간다. 3년, 5년, 10년간의 사명 완성과 더불어 세워진 오늘의 목표를 향한 질주가 있어야 한다.

■ 통전적인 지식을 가지고 있다.

자신의 지적인 한계를 벗어나는 다양한 장르의 지식을 습득해야 한다. 다양한 직업군의 교인들에게 이 시대의 언어로 성경을 해석하여 전달하는 설교의 책임자이기에, 그들의 삶에 투영되는 다양한 지식들에 대해 보다 포괄적인 접근이 가능해야 한다.

과거의 리더는 자신의 전문적인 교회 사역에 깊은 조예를 지닌 스페셜리스트(Specialist)형 인재였다면, 향후의 리더는 제너럴리스트(Generalist)로서 여러 분야에 걸쳐 폭넓은 지식을 가진 자여야 한다. 제너럴 리스트는 어떤 사람들과 어느 곳에서든 통하는 지도자이다. 그는 사역의 다각화를 도모할 수 있다. 전방위적인 사역과 다양한 교인들의 욕구를 수용하고 그들에게 성경적 대안들을 제시할 수 있는 리더이다.

■ 교인들의 영적 니즈(needs, 필요)를 파악하고 충족시킨다.

의사소통은 상호 필요를 파악하고 그것을 충족시키고자 하는 노력을 전제로 한다. 니즈의 공급이 의사소통을 가능하게 한다. 욕구와 니즈가 충족되지 않을 때 공동체의 위기가 찾아온다. 통하지 않는 것이다. 지금의 시대를 '통'(通)의 시대라고 하지 않는가! 통해야 한다. 담임목사는 교인들이 갖는 영적인 니즈를 충족하기 위해 양들을 부지런히 살펴야 한다. 목양의 초석은 필요를 공급하는 것으로부터 이루어진다.

■ 자신의 하루를 온전히 관리한다.

독할 만큼 자신에게 엄해야 한다. 하루하루의 승리가 인생의 승리를 가져다주기 때문이다. 완벽주의자가 되어서는 안 되지만 완벽하리만큼 하루의 시간을 관리해야 한다. 공동체의 정체성과 건강은 전적으로 공동체의 리더에게 의존하기 때문이다. 담임목사의 하루는 교회 공동체의 하루이다. 하루의 성공적인 자기관리, 그 자신감과 더불어 따라오는 교인들의 신뢰는 지도자의 리더십을 온전히 확보하게 한다.

자기관리의 달인, 이것이 담임목사의 자격이다. 자기 평가는 자기관리에 대해 스스로 던지는 질문에 답하는 것에 의해 좌우된다. 자신의 하루와 자신의 시간을 관리함으로 자신의 삶을 들여다볼 수 있게 된다. 자신의 삶을 들여다볼 줄 아는 사람이 가장 성공한 사람이 아닐까? 행복한 사람은 타인에 의하여 평가받기보다는 스스로를 진단하고 평가할 수 있는 사람이 아닐까?

 105점의 담임목사가 되라

    일본의 대표적인 프랜차이즈 지점을 개설한 일본의 대표적인 이자카야(선술집)인 와타미(渡美)를 소개한다. 일본에만 600여 개의 체인점을 운영 중이고, 외국에도 50개의 프랜차이즈가 있다. 우리나라에도 체인점(와타미 강남점 등)이 있다. 회장인 '와타나베 미키'의 성과 이름을 딴 '와타미' 주식회사는 현재 400여 개의 외식 체인을 동시에 운영하는 외식업계의 큰 손이다.

    와타나베 미키가 25세에 처음 창업했을 때는 스카이락이라는 일본 패밀리레스토랑(한국에서도 체인점이 성황했던 적이 있었다)이 1위외식기업으로 100여 개 점포를 운영하며 시장을 독점하던 상황이었다. 와타나베는 치열한 경쟁을 벌였지만 결국 한 가지를 깊이 깨달았다. 제아무리 사력을 다해 라이벌을 쫓아간다 해도 그 업체를 추월한다는 것은 불가능함을, 그리고 곧장 모방을 통한 경쟁을 접고 다른 기업과는 다른 자신만의 외식 사업을 하고자 한 것이다. 그리고 자기 자신과의 경쟁에 돌입하였다.

어느 인터뷰에서 그는 말했다.

"와타미의 라이벌은 어느 회사입니까?"

"어제의 와타미입니다."

그렇다. 진정한 라이벌은 옆 교회, 동기의 교회가 아니다. 바로 나 자신이다. 내가 이끄는 교회와의 경쟁에서 내가 승리해야 한다. 연간 매출 1조 200억 원을 일구는 기업의 힘, 그것은 자기 자신과의 경쟁에서 승리하는 것이다. 어제보다 나아지려는 자기 헌신의 결과이다. 어느 교회를 모방하려 하지 말고 동네의 이웃 교회와 경쟁하지 마라.

자신만의 목회 구현으로 자기와의 경쟁을 선포하고 자기를 이기는 목회를 하라. 이 세상에서 같은 교회는 없다. 유사할지는 모르지만 똑같은 교회를 세울 수 없다. 하나님께서는 각자를 각자의 모습으로 만드셨다. 그러므로 각각 다른 교회의 모습을 갖는 것이 옳다. 그러기 위해서는 100점짜리 목회자가 아니라 105점의 목회자가 되어야 한다. 진정한 성공자는 100점을 향하여 달리는 자가 아니다. 105점을 위하여 싸운다.

나만을 향하신 하나님의 미션(Mission)을 찾고 이루기 위하여 오늘의 자신과 끈질긴 싸움을 하는 목회자여야 한다. 100점을 받기 위해 타 교회와 경쟁하는 것이 아니라 105점을 받기 위해 어제의 자신과 싸우는 자여야 한다. 100점은 힘들지만 105점은 즐겁다. 사역을 즐기는 수준이 되어야 하기 때문이다. 좋아하는 사람은 즐기는 자를 이길 수 없다.

> "아는 사람은 좋아하는 사람을 이길 수 없고
> 좋아하는 사람은 즐기는 사람을 이길 수 없다."
> – 공자

우리는 전통적인 경쟁인 제로 섬(Zero-sum) 게임에 익숙하다. 내가 이기기 위해서는 주변의 동역자들을 탈락시켜야만 한다. 그러나 그러한 제로섬 게임은 오래가지 못한다. 우리에게 필요한 게임은 포지티브 섬(Positive-sum)이다. 이 게임의 핵심은 경쟁 상대가 동역자가 아니라 바로 자기 자신인 것이다. 세계신기록 보유자들은 자신의 기록을 깨기 위해 자기 자신과 싸운다. 이들이 진정한 승자이다. 자기와의 싸움에서 이겨야 한다.

'생활의 달인'이라는 TV 프로그램이 있다. 수십 년간 그 분야에서 종사한 달인들이 출연해 자신의 면모를 보여 주는데 감탄이 절로 나온다. 각 분야의 서로 다른 달인들로부터 공통점을 하나 발견하는데 그것은 스스로 일을 즐기려고 한다는 것이다. 잘하려고 하는 것이 아니라 즐기려고 한다. 하루에 수천 개의 라면을 끓이는 한 달인은 이렇게 말한다.

"재미있을 리 없죠. 하지만 이왕 하는 것, 즐기면서 하자. 이왕 하는 거, 프로가 되자. 이렇게 생각하며 즐겁게 일하려고 합니다."

그렇다. 목회도 즐거워야 한다. 재미로 하는 것이 아니라 즐기면서 목양을 해야 한다. 목회자는 교회 사역의 달인이다. 달인은 억지로 하지 않는다. 그 일을 즐기며 지혜롭게 하기 위한 나름의 노력을 한다. 자기 수준의 한계를 넘기 위하여 전략과 지혜를 총동원하여 자신만의 노하우를 만들어 간다. 이것이 달인이다. 몇십 년간 목회를 한 목회자들의 사역이 여전히 아마추어에 머물러 있다면 그 이유가 무엇일까? 아마도 즐기지 않고 사역을 더 창조적으로 하고자 하는 자기 연구와 자기 경쟁을 하지 않기 때문이 아닐까!

이제 100점을 향하여 애쓰지 말고 105점을 향하여 사역을 즐기며 자기와의 경쟁에서 날마다 승리하는 담임목사가 되자.

 # 소통이 숨통이다: 멘토의 중요성

　공동체의 생명력은 성숙한 관계이며 바로 그 관계의 핵심은 소통이다. 지금의 시대를 불통의 시대라고 한다. 소통의 어려움이 많고 소통이 막혀 있기 때문이다. 교회 안에서의 인간관계가 사회에서의 인간관계보다 더 어렵다고 한다. 그 이유는 한번 관계가 틀어지면 다시 회복하는 창구가 없기 때문이다. 사회에서는 관계 개선을 위한 다양한 도구가 많은데, 교회 내에서는 관계 회복을 위한 창구가 없기 때문이다.

　사람의 만족도는 그가 맺고 있는 인간관계의 원활함에 좌우된다. 가족 간에 관계가 좋으면 그 가정은 웃음이 넘치는 안식처가 될 것이고 직장에서 관계가 좋으면 직장생활의 만족도가 높아질 것이다. 교회에서의 인간관계, 특히 담임목사에는 중진들과의 관계가 좋으면 목회가 신나고 즐거울 것이다.

　미국의 카네기 리더십 센터에서 성공한 사람들의 비결을 조사한 결과에 따르면 "지능이나 전공, 노력으로 성공한 경우는 겨우 15%에 불과하고, 나머지 85%는 인간관계가 좋아서"라고 했다. 인간관계가 좋다는 것은 소통이 원활하다는 의미일 것이다. 어떻게 해야 소통의 숨통이 터지게 될 것인가?

■진실함이 소통의 약이다.

진실보다 더 값진 것이 없다. 사람 사이의 소통의 핵심은 진정성, 진실함에 있다. 진심을 갖고 경청하는 자세, 자신의 의견을 솔직하게 말하는 자세이다. 진실하지 못한 자세는 언제든 드러난다. 한번 깨어진 관계는 상호 믿음의 회복이 어렵고, 더 이상 그의 말에 귀를 기울이지 않게 될 것이다. 진실되지 못한 관계에서는 하나님의 역사가 일어나지 않는다. 감언이설(甘言利說)을 피하고 진실 된 말을 해야 한다.

"그런즉 거짓을 버리고 각각 그 이웃과 더불어 참된 것을 말하라 이는 우리가 서로 지체가 됨이라"(엡 4:25).

■소통을 위하여 나를 낮춘다.

양쪽 끝이 수평인 호스는 인위적인 힘을 가하지 않고는 물이 흐르지 않는다. 하지만 높낮이가 다른 호스는 인위적으로 힘을 쓸 필요 없이 물이 위에서 아래로 저절로 흐른다. 이것이 순리이다. 인간관계도 마찬가지이다. 막힘없는 소통을 위해서는 어느 한쪽이 낮은 자세를 취해야 한다. 그 낮은 쪽이 바로 우리 자신이 되면 어떨까? 내가 먼저 다가서며 낮은 자세로 거하는 것이다.

"아무 일이든지 다툼이나 허영으로 하지 말고 오직 겸손한 마음으로 각각 자기보다 남을 낮게 여기고"(빌 2:3).

■ 내가 먼저 섬긴다.

섬김의 기쁨을 갖는 것이다. 먼저 다가서고 먼저 연락하고 먼저 값을 지불하고 먼저 손을 내미는 섬김으로 관계를 성숙시킨다. 성숙한 관계는 상호 노력이 필요하다. 저절로 만들어지지 않는다. 자신이 먼저 할 수 있는 것이 무엇인지 살피는 섬김의 리더십을 발휘하는 것이 중요하다. 상대를 감동시키고 상대를 헤아려주는 마음으로 인간관계를 형성한다.

"인자가 온 것은 섬김을 받으려 함이 아니라 도리어 섬기려 하고 자기 목숨을 많은 사람의 대속물로 주려 함이니라" (막 10:45).

■ 인간관계도 훈련이다.

의사소통의 능력은 천부적인 재능으로 타고나는 것이 아니고 내향, 외향의 성격에 따른 것도 아니다. 또한 소통은 단기간에 얻어지는 것도 아니다. 관계는 과정과 과정을 넘어가며 키워지는 훈련의 결정체이다. 대부분 소통이 안 되는 것은 상대가 먼저 나에게 다가오고 손 내밀기를 기다리기 때문이다. 자신의 생각을 상대가 먼저 알아주기를 원하는 마음이 소통을 방해한다. 인간관계 훈련은 자신의 성숙을 가져온다. 자기 성숙은 원활한 인간관계로 더욱 성숙하게 된다.

유독 인간관계를 더 절실히 의지해야 하는 사람들이 있다. 바로 리더이다. 인간관계가 잘 형성된 리더일수록 그들을 리드하는 멘토가 있고, 똑같이 길을 잃어도 멘토가 있는 리더는 남들보다 덜 헤매고 목적지를 쉽게 찾아간다. 멘토와 함께 바른길을 찾기 위해 왔던 길을 다시 되돌아가기도 하고, 멘토와 동행하며 산꼭대기로 올라가 아래를 내려다보며 방향을 제대로 잡기도 한다.

인생에는 이정표가 필요하다. 앞서간 리더로부터 배우고 익힐 수 있는 섭리적인 만남이 있어야 한다. 로버트 클린턴 교수는 그가 쓴 《영적 지도자 만들기》라는 책에서 리더에게는 반드시 만나게 되는 섭리적인 멘토가 있다고 말했다. 그렇다. 성숙한 사람들일수록 그가 반드시 필요로 하는 사람이 바로 멘토이다.

세계 최고의 부자 워렌 버핏은 벤저민 그레이엄 교수의 《현명한 투자자》라는 책을 읽고 감명을 받아 컬럼비아 대학교에 입학해 그의 평생 멘토인 그레이엄 교수로부터 투자의 모든 것을 배웠다. 이 멘토와의 섭리적인 만남으로 세계적인 투자자가 된 것이다.

멘토는 인생의 가이드북과 같다. 자신의 삶에 섭리적인 만남이 되는 멘토와의 만남을 위해 노력해야 한다. 멘토와의 만남은 귀중한 축복 중 하나이다. 물론 이렇게 반문할 수 있다. "멘토로 모실 만한 분을 만나기가 어려운데요." 그러기에 독서와 강의를 듣는 것이 얼마나 중요한지 모른다. 멘토를 둔 자는 자신이 또 다른 누군가에게 멘토가 될 수 있다. 멘토링은 향후 한국교회의 중요한 사역의 장르가 될 것이다. 그 사람의 됨됨이나 가능성은 그의 멘토를 보면 알 수 있다.

영원하신 우리의 멘토는 주님이다. 그리고 독서는 멘토를 만나게 되는 접촉점이다. 독서는 그 사람의 깊은 내면까지도 찾아갈 수 있도록 가이드해 주기에 담임목사에게 책은 필수품이다. 책을 가까이 할 자신이 없다면 목회를 멈춰야 한다. 독서는 인생의 안내자 역할을 한다. 책을 통해 기본과 근본의 길을 찾아야 한다. 정체된 지식으로 공동체를 이끄는 것은 위험한 모험이다. 새로운 시대의 경향과 각각의 분야에서 영향력 있는 사람들의 이야기를 읽고 배우는 독서, 책은 늘 가까이 둘 수 있는 멘토이다.

 # 담임목사 속에 자라야 하는 태도

태도를 보면 성공이 보인다. 성공 전략은 성공하는 사람들의 태도를 견지하는 것이다. 성공한 사람들의 공통점 중 하나가 바로 태도이다. 태도의 영어 단어는 Attitude이다. 이 단어에 조합된 알파벳 수치를 합하면 100점이 된다(a를 1점, b를 2점, c를 3점으로 환산). attitude(태도)는 100점짜리의 단어다.

태도는 어떤 상황에 직면했을 때 그 상황에 대처하는 자세다. 이것을 나는 반응(reaction)이라고 한다. 《태도의 경쟁력》을 쓴 키스 해럴은 태도에 대해 이렇게 말한다.

"모든 사람이 태도를 가지고 있다. 하지만 모두들 똑같은 태도를 가진 것은 아니다. 어떤 사람은 태도에서 원동력을 얻고 도전을 극복하고 장애를 이기고 목표를 달성한다. 반면 어떤 사람은 태도에 발목이 잡혀 모든 일이 늦어지고 결국 그 자리에 주저앉아 버리기도 한다. 여러분이 아는 주변 사람을 한번 떠올려 보라. 그리고 그들이 어떤 태도를 가졌는지 생각해 보라."

태도는 어떤 사람이나 상황에 대하여 그가 반응하는 자세다. 이러한 태도는 선천적으로 타고나기도 하지만 대부분 성장하면서 습득되는 훈련된 습관이다. 그래서 태도는 훈련으로 성숙할 수 있다. 주님의 열두 제자들의 태도는 대부분 다듬어지지 않은 돌이었다. 자신들을 받아주지 않는 동네를 저주한 요한이 변하여 사랑의 사도가 된 것과 같이 반응하는 자세는 훈련을 통해 변화가 가능하다. 담임목사에게 기대되는 태도는 과연 어떤 것이 있을까?

첫째는, 성실한 태도다.

성실함은 모든 사람이 갖추어야 하는 태도이지만 영적 지도자는 더욱이 하나님과 사람들 앞에서 부여된 직무와 역할에 성실해야 한다. 성실의 한자어는 誠實이다. 말씀 언(言) 변에 이룰 성(成) 자와 맺을 실(實) 자를 사용한다. 이것을 풀이하면 '자신이 한 말을 온전히 이루어 삶에서 열매를 맺는 것'이라고 할 수 있다. 자신이 한 말 그대로 살아가는 것이 성실이다.

담임목사는 설교나 가르침, 글 또는 사람과 만나는 곳에서 항상 많은 말을 하게 된다. 공식적인 자리가 많기 때문에 자신의 철학과 소신들을 말해야 할 때가 많다. 진중해야 한다. 자신이 선포한 말에 책임을 갖고 밖으로 나간 말을 이뤄가는 신실한 태도가 있어야 한다. 말에 실수가 많은 것은 그 말대로 살지 않고 있기 때문이다. 사람에 대해 성실하고, 주어진 직무에 성실하고, 처음 부임할 때의 마음, 초심을 지속하는 자세가 성실이다. 주님이 다시 오시면 성실한 자를 찾으실 것이다.

둘째는, 진지한 태도다.

진지함은 범사를 소홀히 여기지 않은 자세를 일컫는다. 사람을 어떻게 대하는가? 내 방식대로, 내가 갖는 선입견으로, 내가 갖고 있는 잘못 습관이 된 경청의 태도로 대하고 있지는 않은가? 주어진 사역에 임하는 자세 역시 얼마나 진지한가? 우리는 하나님의 일꾼들이다. 하나님의 일이기에 더욱 진지해야 한다. 진지함의 반대는 건성이다. 무엇을 하든, 어떤 사람들을 대하든 건성건성 대한다. 진지함을 발견할 수 없다. 그러한 사람을 우리는 따르지도 인정하지도 만나고 싶지도 않다.

나를 대하는 사람이 나를 건성으로 대한다면 어떠하겠는가? 레스토랑에 들어갔는데 손님을 대하는 종사자들이 건성으로 대한다면 어느 누구도 행복한 외식이라고 여기지 않을 것이다. 음식 맛이 제아무리 좋다고 해도 구설수에 오르고 그 식당을 다시는 찾고 싶지 않을 것이다. 진지함이 상실된 리더에게는 누구도 순응하지 않는다.

셋째는, 순수한 태도이다.

영성의 속성 중 하나는 순수함이다. 《영적 지도자 만들기》를 쓴 로버트 클린턴 교수는 그의 책에서 영적 리더가 갖는 최상의 태도로 순수함을 언급했다. 순수함은 하나님이 사용하시는 검증의 도구다. 하나님께서 영적 리더를 세우는 방법으로 그 리더의 순수함을 보신다. 하나님 앞에 순수해야 한다. 사람들과의 관계 역시 순수해야 한다. 어떤 일을 진행할 때도 그 의도가 순수해야 한다. 순수는 계산하지 않는 것이다. 손익계산서를 작성하지 않는다. 얼마나 순수해야 할까?

순수라는 생수병이 있다. 만약 그 순수 생수병에 순수 물 99.9%, 0.1%의 불순물 첨가라고 하면 과연 그 생수를 순수라 여기며 마실 자가 있겠는가? 아마도 그 생수는 시판 허가조차 나지 못할 것이다. 순수는 100%여야 한다. 영혼의 순수성은 담임목사의 중요한 태도다.

태도는 누군가가 대신할 수 있는 것이 아니다. 진정으로 하나님의 교회를 교회 되게 섬기고 싶다면, 바르고 건강한 목회를 구현하고 싶다면 올바른 태도부터 갖추어야 한다. 태도는 전적으로 자신의 몫이다. 스스로 결단해야 한다. 지금 이 순간부터 어떤 태도를 갖출 것인지, 이것이 담임목사의 자격이다.

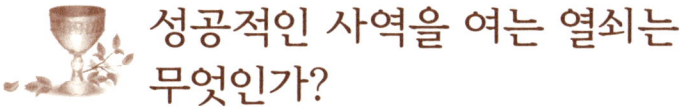
성공적인 사역을 여는 열쇠는 무엇인가?

작은 누룩 하나가 밀가루를 발효시키듯 오늘 나의 작은 행동 하나가 내 모든 삶과 사역을 변화시킬 수 있다. 단순한 비유일까? 그렇지 않다. 성공의 본질은 작은 성공의 조각들이 모여 이루는 퍼즐이다.

사고와 비전 그리고 꿈을 크게 갖자. 원대한 마음으로 포부를 넓히고 큰 그림의 주인공으로 자신을 초대하고 그 가운데 거해야 한다. 그러나 행동은 작게 할 것을 권한다. 지금 당장 실천 가능한 일이 무엇인지 우선 살펴야 한다는 것이다. 성공은 서로 연관이 없어 보이는 일련의 작은 행동들로부터 시작되는 경우가 많다. 위대한 비전과 목표에는 실천해야 하는 수많은 작은 미션들이 존재한다. 이러한 미션들을 우선순위에 따라 실행할 때 비로소 성공의 길로 접어들게 된다. 그런데 그것들이 허황된 꿈으로 끝나는 이유는 큰 목표와 비전과 성공에만 집중하고 작은 행동 목표를 간과하기 때문이다. 하루하루 맛볼 수 있는 작은 행동, 작은 목표에 대한 성취감을 잃어버렸기 때문이다.

시어도어 루스벨트는 "다가올 수천 단계에 대해 걱정하기보다는 눈앞의 다음 단계로 발을 내딛는 사람이 되고 싶습니다"라고 말했다. 큰 꿈을 바라보며 나아갈 때 바로 눈앞의 단계부터 시작하라는 것이다. 가시적인 성과를 낼 수 있는 작은 단위의 일들로 나눠 시작해 보자. 여기서 가시적이란 손으로 만질 수 있거나, 남들에게 보여줄 수 있는 것처럼 확인 가능한 결과를 맛볼 수 있는 것을 말한다.

성공적인 사역을 여는 열쇠는 오늘 지금 당장 한 가지 행동을 실행하는 것이다. 언제까지 구상만 하고 있을 것인가? 실패에 대한 두려움, 실패 이후의 피드백에 대한 두려움으로 시도조차 하지 않는가? 의사결정이 미뤄지면 사역은 오리무중이 된다.

담임목사는 한방에 완성된 사역을 그리는 자가 아니다. 교회의 비전을 제시하고 목표를 이루기 위한 세부적인 전략을 세워 작은 성공을 쌓아가야 한다. 기다리지 말고 한 가지씩 한 단계씩 실행해 결과를 얻어야 한다.

작은 성공이 가져다주는 축복은 다음과 같다.

* 멀게만 느껴지는 비전이 간단하고 이해하기 쉬운 여러 단계로 나눠진다.
* 작은 성공을 통해 성취감을 갖는다.

* 점진적인 발전을 바라볼 수 있게 한다.
* 자기 동기부여가 이뤄진다.
* 미래에 대한 걱정을 줄여준다.
* 또 다른 도전을 야기한다.

나는 성공의 열쇠가 작은 실천, 작은 성공에 있음을 알기에 글을 쓰는 이 엄청난 역사(?)에 도전하게 되었다. 본래 나는 책을 쓰려 할 때 한 달간 칩거하여 모든 자료를 구비해서 작업을 하는 스타일이다. 그러나 잘 알다시피 그러한 시간을 마련하여 글을 쓴다는 것은 현실적으로 전혀 불가능하기 때문에, 책을 쓰겠다는 꿈만 꾼 채 5년의 세월을 보내버렸다.

작은 성공이 쌓여야 한다. 그래서 하루에 한 페이지씩 쓰기로 결심하고 이 책을 집필하고 있다. 오늘도 한 페이지를 작업했다. 오늘 작은 성공을 이루었다. 하루하루 작은 실천이 쌓여 반드시 성공적인 책이 될 것이다.

존 스타인벡은 "500장을 쓰는 게 불가능해 보여서 막막함을 느낄 때면 패배감이 밀려온다. 절대로 해낼 수 없을 것 같아서…. 그러나 한 장을 쓰고 한 장을 쓴다. 하루치 분량을 끝내는 것밖에는 아무것도 생각하지 않는다"라고 했다.

 # 창의적인 영적 코치가 되라

교인들을 분류하면 교인그룹(50%), 리더인턴그룹(30%), 리더그룹(20%)으로 나눌 수 있다. 담임목사의 역할 중 하나는 리더그룹을 성숙시키는 것이다. 리더그룹의 변화는 교회 공동체의 질적인 성숙과 교회성장의 동력이 되기 때문이다. 그들을 세우는 것이 최대의 관건이다. 각각의 리더들이 하나님이 주신 사명을 발견하게 하고, 그것을 실행하며 살아가도록 영적인 역량을 높여주어야 한다.

리더가 가진 장점을 발견하고 잠재력을 찾아 가능성을 끌어내고 자기발견을 하도록 도와줌으로 은사와 재능을 발휘하도록 해야 한다. 단순히 교회 봉사자로 또는 마땅히 섬기는 사람으로 치부해선 안 된다. 영적인 자신감을 부여하고 세상을 넉넉히 이기도록 도와야 한다. 영적인 자가진단을 가능케 해 자기의 영혼 관리에 소홀하지 않고 비전을 갖고 자기 동기부여를 통해 자립하여 일어나 또 다른 누군가를 세워가는 리더로 키워야 한다.

리더그룹은 사역에 필요한 도구가 아니다. 큰 실수 중 하나는 리더들을 사역에 수반된, 기능적인 도구로 여기는 것이다. 거듭 강조하지만, 목회는 교인들을 위해 존재하는 것이지 담임목사를 위해 교회가 존재하거나 교인들이 존재하는 것이 아니다. 구심점을 바꾸어야 한다. 교인들을 리더로 세워라. 이것이 진정한 리더십이며 영적인 지도자가 가지는 최상의 리더십이다.

담임목사는 일을 시키는 자가 아니라 동기를 부여하고 마음껏 하나님을 위해 일할 수 있는 장을 열어주는 사람이다. 교회 내에서만 사역자가 되는 것이 아니라 세상에서도 그리스도의 마음으로 빛과 소금과 같은 존재로 설 수 있게 하는 것이 담임목사의 임무이며 책임이다. 초점은 하나님의 사람이어야 한다.

안타까운 점은 담임목사가 사람 세우기에 훈련된 경험이 없다는 것이다. 교인들을 객관적으로 분석할 수 있는 도구들이 준비되어 있어야 한다. 그의 강점과 약점(SWAT 분석) 등을 분석하고 은사 검색, 리더십 분석, 기질 분석, 적성검사, 자기관리 능력, 대인관계능력에 대한 데이터는 한 사람을 세울 때 큰 도움을 받을 수 있다(본 연구소에서는 담임목회자를 돕기 위해 교인들을 분석할 수 있는 Personal Consulting을 개발하여 운영하고 있다. 목회컨설팅연구소.com 참조).

먼저, 목회자 자신이 객관화(목회자 컨설팅)를 경험하고 교인 한 사람 한 사람을 컨설팅해 줄 수 있는 역량 구비도 필요하다. 사명을 함께 찾아 주고, 인식하며 하나님의 부르신 소명에 따라 정체성을 가지고 살아가도록 하는 안내자 역할은 목회의 핵심이며 목양의 본질이다.

* 사명을 발견하게 하라.
* SWOT 분석을 하게 하라.
* 잠재력을 개발하도록 하라.
* 비전을 갖게 하라.
* 인생 로드맵을 그리게 하라.
* 어떤 사람이 되어야 하는지 알게 하라.
* 자기개발의 근원을 발견하게 하라.
* 또 다른 사람을 세울 수 있는 역량을 갖게 하라.
* 통섭적인 리더가 되도록 훈련하라.

이것이 바로 창의적인 영적 코칭이다.

 사명 선언문을 작성하라

진정한 행복은 비전과 꿈을 갖는 것이다. 내게는 꿈이 있다. 그래서 존재하는 기쁨과 행복을 느낀다. 존재한다는 것은 생명을 보존하는 것에 머물지 않고, 하나님이 주신 비전과 이 땅에서의 사명에 준하여 살아감을 의미한다.

나만의 길을 걸어야 한다. 남들이 가는 길, 걷고 있는 길로 가는 것이 아니라 나만이 갈 수 있는 길, 나를 향하신 하나님이 보내신 '그 이유'를 알고 그 목적대로 살아야 한다. 진정한 성공은 자신에게 부여된 사명을 완성하는 것이다. 그 사명을 완성하기 위하여 혼신의 힘을 다하여 헌신하는 것이다. 사명은 어떤 목적을 완성하기 위해 감당해야 하는 역할이다.

사전적 의미의 사명(使命)은 맡겨진 임무, 사신이나 사절에게 주어진 명령을 의미한다.

연세대학교 의료원의 사명은 하나님의 사랑으로 인류를 질병으로부터 자유롭게 한다.

스타벅스의 사명은 인간의 정신에 영감을 불어넣고 더욱 풍요롭게 한다.

사 명

주님이 홀로 가신 그 길 나도 따라가오
모든 물과 피를 흘리신 그 길을 나도 가오
험한 산도 나는 괜찮소 바다 끝이라도 나는 괜찮소
죽어 가는 저들을 위해 나를 버리길 바라오
아버지 나를 보내주오 나는 달려가겠소
목숨도 아끼지 않겠소 나를 보내주오

험한 산도 나는 괜찮소 바다 끝이라도 나는 괜찮소
죽어 가는 저들을 위해 나를 버리길 바라오

세상이 나를 미워해도 나는 사랑하겠소
세상을 구원할 십자가 나도 따라가오

생명을 버리면서까지 나를 사랑한 당신
이 작은 나를 받아주오 나도 사랑하오

| 나가면서 |

"너는 담임목사다우냐?"라고 제게 물어온다면 "아닙니다. 담임목사답게 살려고 노력하는 목사입니다"라고 답할 것입니다. 온전하거나 완전하여 이 글을 쓴 것이 결코 아닙니다. 저를 향한 지침이며 권고입니다. 그 지침을 나누고자 한 것입니다. 65,000여 명의 담임목사님들과 그리고 그 부르심으로 나아갈 분들과 함께 고민하고 생각하고 다지는 시간을 갖고자 한 것입니다.

부목사의 위치에서 치열하게 나를 만들었던 경험, 담임목사의 위치에서 부딪힌 수많은 시행착오 그리고 목사님들을 섬기는 연구소장으로 걸어온 숨 가쁜 시간들에서 다가오는 회환과 아픔, 아쉬움을 고백합니다. 담임목사가 수행할 기능적인 행동지침보다도 담임목사로서 반드시 지녀야 하는 본질적인 자세, 의식 그리고 태도에 대해 선배들로부터 듣거나 가르침을 받았더라면 시행착오를 줄이고 세월을 아낄 수 있었을 것 같은 마음으로 이 책을 내놓게 되었습니다. 그러나 여전히 부족함을 절실히 느끼고 고뇌되며 자아와 씨름하는 마음입니다.

온전함을 향한 간절한 마음으로
오늘보다 더 나은 내일을 향한 진정한 목사이고 싶기에

나부터 숙고하며 내 심장에 목회자의 본질로 채우고 싶기에
이 책 앞에 용기를 갖습니다.
'이전의 나'로부터 벗어나 오직 심령으로 새롭게 되어
예수님으로 새 옷을 입고 싶습니다.

여전히,
우리는 한국교회의 희망을 보아야 합니다. 한국교회의 희망은 저를 비롯한 우리 담임목사에게 달려 있습니다. 그리고 저는 믿습니다. 한국교회는 우리 담임목사님들로 인해 반드시 꺼지지 않는 불씨가 되어 피어오를 것입니다.

감사합니다.

Wisdom House에서
김성진 목사

나는 담임목사입니다 I am Pastor

1판 1쇄 발행 _ 2015년 12월 31일
1판 2쇄 발행 _ 2020년 7월 15일

지은이 _ 김성진
펴낸이 _ 이형규
펴낸곳 _ 쿰란출판사

주소 _ 서울특별시 종로구 이화장길 6
편집부 _ 745-1007, 745-1301~2, 747-1212, 743-1300
영업부 _ 747-1004, FAX 745-8490
본사평생전화번호 _ 0502-756-1004
홈페이지 _ http://www.qumran.co.kr
E-mail _ qrbooks@daum.net / qrbooks@gmail.com
한글인터넷주소 _ 쿰란, 쿰란출판사
등록 _ 제1-670호(1988.2.27)
책임교열 _ 오완·신영미

© 김성진 2015 ISBN 978-89-6562-824-8 93230

책값은 뒤표지에 있습니다.
이 출판물은 저작권법에 의해 보호를 받는 저작물이므로 무단 복제할 수 없습니다.
파본(破本)은 구입처에서 교환해 드립니다.